Ruhrpott-Schnauzen

Renate Marel / Achim Winkler (Hg.)
Olaf Heuser

Ruhrpott-Schnauzen

Geschichten aus dem Duisburger Zoo

edition q

Wir danken dem Zoo Duisburg und seinen Mitarbeitern, deren engagierte Unterstützung dieses Buch erst möglich gemacht hat.

Bibliografische Information der Deutschen Nationalbibliothek

Die Deutsche Nationalbibliothek verzeichnet diese Publikation in der Deutschen Nationalbibliografie;
detaillierte bibliografische Daten sind im Internet über http://dnb.d-nb.de abrufbar.

Alle Rechte vorbehalten.
Dieses Werk, einschließlich aller seiner Teile, ist urheberrechtlich geschützt. Jede Verwertung außerhalb der engen Grenzen des Urheberrechtsgesetzes ist ohne Zustimmung des Verlages unzulässig und strafbar. Das gilt insbesondere für Vervielfältigungen, Übersetzungen, Mikroverfilmungen, Verfilmungen und die Einspeicherung und Verarbeitung auf DVDs, CD-ROMs, CDs, Videos, in weiteren elektronischen Systemen sowie für Internet-Plattformen.

Lizenz durch ZDF Enterprises GmbH © ZDFE 2008
© edition q im be.bra verlag GmbH
Berlin-Brandenburg, 2008
KulturBrauerei Haus S
Schönhauser Allee 37, 10435 Berlin
post@bebraverlag.de
Lektorat: Robert Zagolla, Berlin
Umschlaggestaltung: typegerecht, Berlin
Innengestaltung: Friedrich, Berlin
Druck und Bindung: Bosch Druck GmbH, Landshut

ISBN 978-3-86124-621-3

www.bebraverlag.de

Inhalt

- 7 Zoogeschichten – die »never ending stories«
- 8 Zum Geleit
- 9 Traumberuf Zoodirektor
- 11 Eine Liebeserklärung an den Zoo
- 14 Von Giraffen und gefiederten Sozialisten
- 19 Vier Rüssel für ein Hallelujah
- 23 Vom Verhalten paarungswilliger Dickhäuter
- 24 »Du bist hier im Aquarium«
- 28 Ein Senior namens Baby
- 29 Revierchef im Job und zu Hause
- 33 Mutter Courage
- 34 Raubtiere im Streichelzoo
- 38 Räuber im Nebel
- 39 Safari am Kaiserberg
- 43 Lebende Fossilien
- 44 ... wie ein Gorilla nach Duisburg kam
- 46 Ein Tier muss vier Beine haben
- 50 Graue Riesen der Urzeit
- 51 Kleine Perlen
- 56 Vom Pelzlieferanten zum nationalen Symbol
- 57 Flucht von Alcatraz
- 61 Boney, die Kiste und ich
- 63 Besonders handliche Tiere
- 67 Liebenswerte Angeber
- 68 Entdeckung eines Talents
- 71 Tiermedizin im Zoo: Kein Tag ohne Überraschungen!
- 75 Mein Pussykätzchen
- 79 König ohne Thron
- 80 Fischgeruch gehört dazu
- 84 Wissenswertes über Delfinbabys
- 85 Wenn sie grummeln, ist alles in Ordnung
- 89 Üben bis der Arzt kommt
- 90 Von Klein auf ein Fisch-Mann
- 94 Tödliche Langlebigkeit
- 95 Ein Tierpflegerleben
- 99 Wie die Rentiere vor den Schlitten des Weihnachtsmanns kamen
- 100 »Sach ma' Helmut Bescheid!«
- 104 Im ständigen Kampf gegen Tiger und Bären
- 108 Nach Italien ohne Navi
- 109 Rote Pandas und weiße Wale
- 113 Die bunten Wölfe Afrikas
- 114 Der Fisch-Finger-Unterschied
- 118 Couchtherapie
- 119 Zufrieden unter Schweinen
- 123 Farbenfrohe Sauereien
- 124 Der schwarze Wirbelwind
- 128 Fußball und Evolution
- 129 Bitte nicht streicheln!
- 131 Ein Rüssel erblickt das Licht der Welt
- 132 Danksagung
- 133 Die Autorinnen und Autoren
- 134 Bildnachweis

Zoogeschichten – die »never ending stories«

Als sich im Juni 2006 zum ersten Mal die Pforten des Duisburger Zoos im Nachmittagsprogramm des ZDF öffneten, begann damit eine lange Erfolgsgeschichte: an 150 Tagen entschlossen sich seither durchschnittlich über eine Million Menschen zu einem medialen »Besuch im Zoo«. Und es sind Erlebnisse der besonderen Art, die sie hier hautnah genießen können: Mitten im Ruhrgebiet, dem größten Ballungsraum Deutschlands, ist seit der Gründung des Zoos 1934 zwischen Bergbau und Schwerindustrie eine einzigartige Naturinsel entstanden, auf der weit mehr als 2000 Tiere von über 90 Menschen betreut werden. Wenn elegante Großkatzen, Giraffen und Elefanten, aber auch Vertreter der australischen Tierwelt wie Koalas und Wombats und die Bewohner des berühmten Delfinariums auf ihre Tierpfleger, Tierärzte und wissenschaftlichen Betreuer treffen, dann entstehen jeden Tag aufs Neue interessante, unterhaltsame und informative Geschichten. Nicht nur für die ZDF-Serie »Ruhrpott-Schnauzen«, sondern auch für dieses Buch.

Dreharbeiten im Duisburger Zoo

Was für die Entstehung von Fernsehsendungen gilt, gilt auch für den Zoo: Nur im täglichen Miteinander, im Team vieler Kollegen und Spezialisten zahlreicher Fachgebiete sind die vielfältigen Aufgaben zu lösen. Im Duisburger Zoo können wir erleben, mit wie viel Engagement und Begeisterung alle ihr Bestes geben, damit die ihnen anvertrauten Tiere bestmöglich versorgt, untergebracht und auch beschäftigt werden. Dies einem möglichst großen Kreis von Zuschauern, Besuchern und Lesern zu vermitteln, ist Erfolg der überaus fruchtbaren Zusammenarbeit des ZDF mit dem Zoo Duisburg.

Wer dieses Buch aufschlägt, wird neben den persönlichen Geschichten der Protagonisten viel Wissenswertes erfahren über die tierischen Stars des Zoos, ihre natürliche Heimat und ihre Verhaltensweisen. Immer wieder wird auch der Zusammenhang zu den heutigen Aufgaben eines zoologischen Gartens im Engagement für den weltweiten Artenschutz dargestellt.

Mit diesem Buch ist ein ganz anderer Zooführer entstanden, in dem die Insider selbst zu Wort kommen. Mit ihren nie enden wollenden, kenntnisreich erzählten Geschichten machen sie Lust auf einen Besuch im Zoo – nicht nur auf dem Bildschirm, sondern auch direkt vor Ort.

Die Welt des Duisburger Zoos präsentiert sich durch die Zusammenschau von Sendung und Buch dem Besucher noch einmal neu und eröffnet Einblicke, die dem Zoobesucher bisher verborgen blieben.

Dr. Renate Marel, Redaktion Geschichte und Gesellschaft im ZDF

Zum Geleit

Zoodirektor Achim Winkler

Der Zoo Duisburg stellte schon immer etwas Besonderes dar. Obschon keine 75 Jahre alt, verfügt er über eine beachtliche Tradition und ist weit über die Grenzen der Region hinaus bekannt als einer der bedeutendsten Zoologischen Gärten Deutschlands und Europas. Seinen großen Bekanntheitsgrad erlangte der Duisburger Zoo vornehmlich durch die Haltung seiner Wale und Delfine. Als Pionier der Delfinhaltung begann er seit den 1960er Jahren mit der Haltung von insgesamt sieben verschiedene Wal- und Delfinarten, von denen noch heute Große Tümmler sowie Amazonas Flussdelfine gezeigt werden.

Unvergessen bleiben die vielen Geschichten, die der Zoo Duisburg geschrieben hat. Weltweite Beachtung erlangte seinerzeit der vergebliche Versuch, den in den Rhein verirrten Belugawal ›Moby Dick‹ zu fangen. Erfolgreicher war man bei Exkursionen in Nord- und Südamerika, um die ersten Weißwale, Jacobita-Delfine und Flussdelfine nach Duisburg zu holen. Großes Ansehen genießt der Zoo aufgrund der Haltung und Zucht vieler seltener und im Freiland stark bedrohter Tierarten – vom brasilianischen Riesenotter über madagassische Fossas bis hin zu südostasiatischen Nebelpardern. Und nicht zu vergessen die in der deutschen Zoowelt einzigartigen Koalas, die neben den Delfinen längst zum zweiten wichtigen Aushängeschild des Duisburger Zoos geworden sind.

All diese Werte gilt es dem interessierten Zoobesucher zu vermitteln. Dank der ZDF-Serie »Ruhrpott-Schnauzen« können diese Werte sogar bis ins heimische Wohnzimmer übertragen werden. Der enorme Erfolg der Serie mit durchgehend hohen Einschaltquoten ist als Beweis dafür anzusehen, dass das Wirken der Zoomitarbeiter vor und hinter den Kulissen großes Interesse weckt und mit anhaltender Spannung verfolgt wird. Mit der gleichen Spannung haben wir uns daran gesetzt, die Fernsehserie auch als Buch zu verewigen – als Erinnerungsstück an die beliebte Fernsehserie. Ich hoffe, dass dieses Buch seinen festen Platz auf dem Wohnzimmertisch eines jeden Freundes der »Ruhrpott-Schnauzen« einnehmen wird.

Allen Machern der Serie gebührt unser aufrichtiger Dank. Die Dreharbeiten im Zoo haben in den letzten zwei Jahren, trotz einiger Anstrengungen, allen Beteiligten sehr viel Spaß bereitet und sogar einige Freundschaften zwischen den Zoomitarbeitern und den Filmteams entstehen lassen. Es ist kaum vorstellbar, heute noch ein wichtiges tierisches Ereignis im Zoo zu erleben, ohne dass ein Drehteam zugegen ist, um alle Eindrücke einzufangen: spannende, erlebnisreiche, faszinierende, lehrreiche, unterhaltsame und amüsante Eindrücke, wie sie einen Zoo prägen und wie sie für den Zoo Duisburg typisch sind.

Ich wünsche allen Lesern viel Spaß bei der Lektüre dieses Buches.

Dipl.-Biol. Achim Winkler, Direktor – Zoo Duisburg

Traumberuf Zoodirektor

Achim Winkler erinnert sich: »Von Kindesbeinen an wollte ich Zoodirektor werden«, sagt der heutige Direktor des Duisburger Zoos. Als kleiner Junge saß er mit Begeisterung vor dem Fernseher, wenn der damalige Frankfurter Zoodirektor Bernhard Grzimek faszinierende und vielfach unbekannte Tiere vorstellte. »Genau das ist auch meine Welt, schutzbedürftige Tiere zu hegen und zu pflegen sowie die Menschen über die Natur und die Tiere aufzuklären und sie für den Erhalt der bedrohten Tierwelt zu interessieren«, erklärt Winkler heute. Dem Vorbild Grzimeks folgend, verschlug es ihn für einige Jahre in den afrikanischen Busch. Danach sammelte der studierte Biologe Erfahrungen als Tierpfleger und Wissenschaftler in verschiedenen Zoologischen Gärten. In Duisburg konnte er sich schließlich seinen Kindheitstraum erfüllen und Zoodirektor werden.

Ganz so abenteuerträchtig wie zu Grzimeks Zeiten ist das Leben eines Zoodirektors heute nicht mehr. Ging es früher darum, von Exkursionen seltene Tiere mitzubringen und dem staunenden Publikum im Zoo zu präsentieren, werden heute eher umgekehrt Nachzuchten seltener Tierarten aus dem Zoo zurück in ihre Ursprungsgebiete überführt, um dort verbliebene Populationen im Freiland zu bewahren. »So wie sich unser Verständnis für die Natur und die Tierwelt im Speziellen gewandelt und sich unser biologisches Wissen entwickelt hat, so hat sich auch das Erscheinungsbild und das Aufgabenfeld moderner Zoologischer Gärten geändert«, sagt Achim Winkler.

Noch immer steht im Mittelpunkt die Faszination, Tiere live zu erleben. Allein den Zoo Duisburg besuchen alljährlich ca. eine Million Menschen. Aber auch die Erwartungen der Besucher haben sich geändert: Heutige Zoofreunde wollen die Tiere nicht mehr in den früher üblichen engen Käfigen sehen, sondern sie in einer Umgebung erleben, die ihrem natürlichen Lebensraum ähnelt. Im Zoo Duisburg sind deshalb in den letzten Jahren viele neue Anlagen entstanden – vom weitläufigen GorillaBush bis zur großen Tropenhalle Rio Negro.

»Heute verfolgt jeder moderne Zoo zwei Kerngedanken«, erklärt Zoodirektor Winkler, »einerseits die Haltung und Zucht bedrohter Tierarten, um diese vor der endgültigen Ausrottung durch den Menschen zu bewahren, und andererseits den Auftrag, die Zoobesucher für die Belange dieser Tiere zu sensibilisieren und zu begeistern«. In diesen Aufgaben sieht er die größte Herausforderung seiner Arbeit. »Ich möchte nicht irgendwann mit Kindern in ein Museum gehen, um denen dort ein Nashorn zu zeigen, dass ich noch lebend gesehen habe«, sagt der 46-Jährige mit Nachdruck.

Zoodirektoren müssen heute auch Mittel und Wege erschließen, um die großen Aufgaben Artenschutz und Information der Besucher überhaupt angehen zu können. Deshalb sind moderne Zoos auch Wirtschaftsunternehmen. Früher war es selbstverständlich, dass ein Zoologischer Garten von einem studierten Zoologen oder Veterinärmediziner geleitet wurde, der sich nicht selten in khaki-farbigem Safari-Outfit präsentierte. Heutige

Die angenehmen Seiten des Zoodirektorenlebens: Direktor Winkler mit Wombat Rolf

Mitarbeiter des Duisburger Zoos und einige ihrer Schützlinge bei den Dreharbeiten

Zoodirektoren sind eher Manager, die nicht selten mit Sakko und Krawatte auftreten, wenn es darum geht, mit Partnern aus Wirtschaft und Politik zu verhandeln. Der Öffentlichkeitsarbeit kommt dabei eine Schlüsselposition zu. Was mit Grzimeks TV-Sendung begann, wird heutzutage mit Zoo-Serien wie den »Ruhrpott-Schnauzen« fortgeführt. Durch sie lernt der Zuschauer den ganzen Zoo kennen: die Tiere und die moderne Arche, in der sie leben, sowie das Unternehmen Zoo mit allen seinen Mitarbeitern. »Wir haben das große Glück, dass wir unser Hobby zum Beruf gemacht haben«, sagt Achim Winkler. »Wer kann das schon von sich behaupten?!«

Eine Liebeserklärung an den Zoo

Als Anfang des Jahres 2006 feststand, dass SPIEGEL TV im Duisburger Zoo 40 Folgen für eine tägliche Sendung produzieren sollte, haben sich viele in der Redaktion gefragt: Gibt es dort genug zu drehen? Heute können wir sagen: Ja, ja, und nochmals ja! Statt der 40 haben wir mittlerweile mehr als 150 Folgen »Ruhrpott-Schnauzen« produziert, und die Themen sind uns noch lange nicht ausgegangen. Die Welt der »Ruhrpott-Schnauzen« bleibt auch nach fast 6500 Sendeminuten spannend und faszinierend.

Dreharbeiten im Delfinarium

Was für Zootierpfleger Routine ist, sorgt bei uns, den Außenstehenden, immer wieder für Erstaunen. Das Leben der Zoobewohner ist voller Dramen. Hier wird geliebt, gestritten, gespielt, Nachwuchs gezeugt, geboren, umgezogen, manche lassen sich scheiden und verlieben sich neu. Und mittendrin: die Tierpfleger, die mit ihren Schützlingen lachen und leiden und die Zuschauer mitnehmen in diesen außergewöhnlichen Mikrokosmos.

Ohne das begeisterte Engagement der Zoomitarbeiter für unsere Produktion wären die »Ruhrpott-Schnauzen« nicht möglich gewesen. Denn seien wir mal ehrlich: Kamerateams nerven! Sie halten von der Arbeit ab, machen Zwei- und Vierbeiner nervös und lassen Türen offen stehen – obwohl im Zoo jeder weiß, dass der Letzte immer die Tür schließt (»Sonst ist der Tiger weg!«). Sie fassen Tiere an, ohne zu fragen, stolpern, lassen sich beißen oder stechen. Mehr als einmal war Tierarzt Manuel Garcia Hartmann unser Retter in der Not. Zahllose Überstunden haben wir verursacht, dutzende Male die gleichen Fragen gestellt, literweise Revier-Kaffee getrunken – und allzu oft standen wir im Weg. Trotzdem: geduldig haben Mensch und Tier uns weiter ihr Vertrauen und ihre Zeit geschenkt.

Für die Dreharbeiten wurde den Pflegern einiges abverlangt: Allein die Vorbereitung für die Ankunft von Gorilladame Safiri aus Australien dauerte Tage. Der Affe sollte den größten Stall beziehen, auf den man von der Besucherseite aus die beste Sicht hat. Problem nur: Es gibt noch eine Glasscheibe vor dem Gitter. Wegen der Spiegelung ist das Drehen dort extrem schwierig. Außerdem sind nicht alle Ecken des Stalles einsehbar. Wie würde die Gorilladame auf unsere Kamera reagieren? Wie könnten wir das Interview mit Stefan Terlinden führen, der hinter der Scheibe den Menschenaffen aus der Transportkiste locken wollte? Schließlich wurden zusätzlich zum Drehteam drei kleine Kameras am Stall installiert, Stefan bekam ein Mikro und ein Klebeband-Kreuz auf dem Boden, wo er stehen sollte. Und als Safiri aus der Transportbox in ihr neues Zuhause stürmte, hat Stefan einfach angefangen zu erzählen – ohne, dass wir eine Frage stellen mussten. Eine tolle Geschichte ist daraus geworden.

Wir waren bei Geburten dabei, bei Todesfällen, bei komplizierten Operationen, bei schwierigen Transporten, bei gefährlichen Zusammenführungen. Der Zoo hat uns in seine Seele blicken lassen, hat mit uns und den Zuschauern ganz besondere Momente geteilt – auch so intime wie die Geburt eines Delfins.

Die Dreharbeiten im Duisburger Zoo sind eine Herausforderung für alle

In dem kleinen Überwachungsraum hinter den Kulissen des Delfinariums ist Platz für knapp ein Dutzend Menschen. Die Delfin-Pfleger und Tierärzte sitzen an diesem Abend auf den Tischen und Stühlen, einige stehen. Es ist elf Uhr, schon lange Feierabend eigentlich. Im dahinterliegenden Becken windet sich ein Delfinweibchen in den Wehen. Da Meeressäuger ohne Immunsystem geboren werden, darf niemand in die Nähe des Beckens. Absolute Sterilität ist geboten. Gebannt starren alle auf die drei Monitore, die das Geschehen unter Wasser zeigen. Bis zur Geburt kann es nicht mehr lange dauern. Die Stimmung ist gespannt, denn Delfinnachwuchs ist auch im Zoo etwas Besonderes. Mehr Pfleger treffen ein, alle wollen dabei sein, wenn das Kleine kommt. Der Raum ist zum Bersten gefüllt, als das Drehteam anrückt, bestehend aus drei Leuten: Kameramann, Tonmann und Redakteurin. Die Zoomitarbeiter machen Platz, beantworten geduldig Fragen. Im entscheidenden Moment wird es hektisch, aber die Kamera läuft. Das Team ist dabei und keiner murrt.

Die schwierigste Lektion für uns Fernsehleute war wohl, uns in Geduld zu üben. Das Tempo der Dreharbeiten bestimmen immer die Bewohner des Duisburger Zoos, und das ist oft nicht so wie Teams oder Pfleger das wollen.

Kameramann Steven Enderlein
hat die Koalas im Visier

Da muss man schon mal zwei Stunden warten, bis sich Ameisenbären paaren oder bis die Vielfraße sich endlich mal bequemen, ihren Bau zu verlassen. Zu den Pflegern kann man problemlos sagen: »Lauf bitte noch mal um die Ecke!« – auch zwei oder drei Mal. Aber die Tiere laufen noch nicht mal eine drehgerechte Fressspur entlang, wenn sie gerade übellaunig, faul oder einfach nicht interessiert sind. Da heißt es dann: Warten!

Belohnt wurden wir am Ende immer. Scherzhaft wurden wir zu den »Fernsehtieren«, die weder Pflege noch Futter brauchen, außer Kaffee. Fakt ist, wir Fernsehschaffenden brauchten zum Überleben einiges mehr: den Charme und den Witz aller menschlichen und tierischen Persönlichkeiten des Duisburger Zoos, das Wissen der Pfleger über und um ihre Schützlinge, die Begeisterung mit der die Zoomitarbeiter uns unterstützten, ihre Geduld und ihr Vertrauen. Bei guter Pflege können »Fernsehtiere« dann uralt werden.

Von Giraffen und gefiederten Sozialisten

Dreharbeiten im Giraffengehege

Gegen halb acht Uhr morgens schließt Revierleiter Werner Tenter vorsichtig die Tür des Giraffenhauses auf. Er weiß genau, dass Netzgiraffenbulle Kiringo und seine beiden Damen Turkana und Malindi ihn längst an seinem Schritt erkannt haben. »Früher sind die sofort in Panik aufgestanden, wenn ich hier morgens zur Arbeit gekommen bin.« Werner schmunzelt, wenn er an seine ersten Tage im Revier denkt. »Aber ich habe versucht, immer ruhig und gelassen zu bleiben und inzwischen haben wir uns gut aneinander gewöhnt.« Da Giraffen Fluchttiere sind, ist es besonders wichtig, besonnen mit ihnen umzugehen. »Jemand, der leicht in Hektik verfällt, kann diesen Job nicht machen«, sagt der 53-Jährige. Er selbst hingegen scheint für diese Arbeit wie geschaffen. Trotz ihrer bekannten Schreckhaftigkeit bleiben die Giraffen ruhig liegen, als sich der Revierleiter langsam nähert. Nur Kiringo hebt den gehörnten Kopf und schnuppert neugierig. »Guten Morgen Großer, gut geschlafen?« Liebevoll streichelt Werner den Hals des achtjährigen Bullen. »Das ist gegenseitiges Vertrauen, aber man muss auch die Situation einschätzen können. Wenn die plötzlich aufstehen würden, könnte es gut sein, dass ich einen mitkriege.« Tatsächlich können Giraffen nach allen Seiten äußerst schmerzhafte Tritte austeilen. Eine wirksame Verteidigungsmöglichkeit gegen Löwen, Hyänen und andere Raubtiere der afrikanischen Savanne.

Wenn die Fernsehteams der »Ruhrpott-Schnauzen« Werner begleiten, kommt es schon mal vor, dass der Giraffenbulle den Tierpfleger mit gesenktem Kopf angeht. »Wenn Kiringo fremde Leute sieht, dann zeigt er ›Ich bin ein Bulle‹ und dann will der mir wat. Dann sieht er mich plötzlich als Rivalen an und versucht schon mal, mich rauszuboxen.« Anders als viele seiner Kollegen, fand der gelernte Betonbauer als Quereinsteiger in die Tierpflege. 1978 hatte er seinen Job verloren und heuerte als sogenannter ›Spritzer‹ im Affenhaus an. Schnell merkten die Kollegen, dass der bedächtige Duis-

Der Duisburger Giraffenbulle Kiringo schaut neugierig über den Zaun

> *»Jemand, der leicht in Hektik verfällt, kann diesen Job nicht machen.«*

burger nicht nur gut putzen kann, sondern auch ein Händchen für Tiere besitzt. Nach sechs Jahren bestand Werner problemlos seine Tierpflegerprüfung.

Auch zu den Giraffen kam Werner Tenter eher zufällig. Nach 15 Jahren im Affenhaus hatte er auf eigenen Wunsch das so genannte kleine Raubtierhaus übernommen, ein Revier, das damals noch so unterschiedliche Arten wie Wombats, Kängurus, Kattas und Axishirsche beherbergte. »Dat war ein Riesen-Revier«, erinnert sich Werner, »da haste Dir jeden Tag die Hacken abgelaufen.« Nach der Eröffnung des neuen Raubtierhauses fand er sich jedoch in einem arg geschrumpften Arbeitsbereich wieder. Ein Kollege erzählte ihm, dass auch die Giraffen, die damals noch als Untermieter bei den Elefanten wohnten, ein eigenes Haus bekommen sollten. »Da bin ich dann zum Direktor Frese hin und hab gesagt, das Giraffenhaus, das mache ich.« Beim ersten Treffen mit seinen zukünftigen Schützlingen musste Werner allerdings erst ein mal schlucken. »Ich hab vor den Tieren gestanden und gedacht: ›Oha! Die sind ja doch ganz schön groß!‹ Zu der Zeit waren sie noch nicht ein mal komplett ausgewachsen und viel kleiner als heute«, lacht der bärtige Tierpfleger.

Inzwischen sind Kiringo und die Damen aufgestanden und warten nun etwas ungeduldig darauf, dass Werner die Tore zur Außenanlage öffnet. Dort hat er schon das vegetarische Frühstück aus Heu und Laub in drei Meter hohen Raufen angerichtet. »Na, dann lasst es Euch schmecken«, sagt Werner lächelnd und stößt schnaufend die fünf Meter hohen Luken auf. Kaum sind Kiringo, Malindi und Turkana graziös und tapsig zugleich ins Freie gestakt, klappt Werner das Tor wieder zu. »Kiringo kommt ja sonst sofort wieder rein um nach mir zu gucken. Dat is ja nett gemeint, kann ich aber jetzt nicht brauchen, sonst wird der Stall nie sauber.« Als Handaufzucht gewöhnte sich der Giraffenbulle schnell an Menschen und interessiert sich deshalb weit mehr für die Zweibeiner als für seine Artgenossen.

Nachdem der Stall gesäubert ist, schlägt in der gut zehn Meter hohen Langhals-Halle die Stunde der Sozialisten. Denn die Giraffen teilen ihre Behausung mit Margot und Erich Honecker – einem Paar afrikanischer Hornraben. Ihre deutschen Namen verdanken die Vögel natürlich Werner. »Der Hornraben-Hahn war 'ne Zeitlang mal alleine. Wenn ihm langweilig wurde, kam der bei mir in der Küche vorbei und hat rein geguckt. Ich hab ihn dann

Revierleiter Werner Tenter ist bei seinen Schützlingen beliebt

immer mit ›Horni‹ begrüßt. ›Horni Honecker‹. Und als dann die Henne dazu kam, hab ich gedacht: ›Moment, wie heißt dem Honecker seine Frau noch? Achja, Margot.‹« Den Kollegen gefiel der Einfall, und da es die Vögel nicht zu stören schien, behielt Werner die Spitznamen bei. Zur Freude der gut informierten Besucher und zum Ärger seines obersten Dienstherren. »Unser Direktor sagt immer: Wie kann man den Tieren nur so doofe Namen geben?«, erzählt Werner. »Aber ich glaub, den Tieren is dat egal, die hören eher auf den Tonfall als auf die Worte.«

Heute hat Werner Tenter den Honeckers Spielzeug mitgebracht: Eine Plastikschachtel und einen ausrangierten Kanister aus dem gleichen Mate-

»Moment, wie heißt dem Honecker seine Frau noch? Achja, Margot.«

rial. Darin erzeugen springende Heuschrecken leise Plop-Laute, die Margot und Erich in ihren Bann ziehen. Federnd hüpfen die beiden Hornraben dicht hinter Werner her, bis er die Behälter ins Stroh eines Giraffenbetts gelegt hat. »So fangen die auch in Afrika ihre Nahrung – oder zumindest so ähnlich«, meint Werner. »Hauptsächlich jagen die Schlangen, aber wenn sie hinter Baumrinde oder im Erdreich Insekten ausmachen, hacken die sich mit ihren großen Schnäbeln bis zur Beute durch.« Das Stroh macht es noch ein bisschen spannender. Denn sobald die Plastikkanister erste Löcher aufweisen, flüchten die Heuschrecken ins gelbe Gestrüpp und die Jagd geht weiter.

Alle Tiere sind erst ein mal versorgt. Werner sieht den Honeckers bei der Heuschreckenjagd zu und wirkt einen Moment lang sehr zufrieden. Dann verfinstert sich seine Miene: Fensterputzen ist angesagt. Und die Scheiben des Giraffenhauses sind sehr, sehr groß. Als Werner mit Eimer und Wischblatt auf der großen Leiter steht, erscheint auf der anderen Seite der Scheibe in gleicher Höhe ein gehörnter Kopf. Kiringo hat seinen Tierpfleger erspäht und will jetzt mal sehen, was der so auf Augenhöhe der Giraffen treibt. »Hallo Großer, na, willst Du mir helfen?«, fragt Werner durch das Glas. Zur Antwort streckt der Giraffenbulle seine lange blauschwarze Zunge in der vollen Länge von nahezu 30 Zentimetern heraus und versucht mit genießerischer Hingabe, die Gummidichtungen von den Fenstern zu pulen. »Hör auf damit!«, poltert Werner, aber Kiringo lässt sich nicht beirren. Der Revierchef runzelt die Stirn. »Keine Ahnung, warum er das macht. Aber immerhin schluckt er das Zeug nicht runter.«

Nächstes Jahr feiert Werner sein dreißigjähriges Dienstjubiläum im Duisburger Zoo. Trotz körperlicher Anstrengungen und unzähligen Überstunden, sagt er, hat ihm die Arbeit immer Spaß gemacht. Regelmäßige Wochenend- und Feiertags-Schichten nutzt er sogar manchmal als schlaue Ausreden. »Ich hab an Heiligabend Geburtstag und da geh ich ehrlich gesagt lieber bis Mittags arbeiten, als schon morgens bei meiner Schwiegermutter auf der Couch zu sitzen.« An ein Weihnachtsfest erinnert sich Werner Tenter ganz besonders gern: Während ihn die Kollegen suchten, hatte er sich im Affenhaus mit einem Glas Sekt zu Gorilladame Gigi in den Stall gesetzt. »Die sind sogar an mir vorbeigelaufen. Aber keiner hat in den Käfig geguckt. Das war ein Super-Geburtstag!«

Hornrabe Horni »Honecker« wohnt im Giraffenhaus

Vier Rüssel für ein Hallelujah

Mittagszeit im Elefantenhaus. Ausgedörrt liegt das Gehege in der heißen Sonne. Der 16-jährige Elefantenbulle Shaka hat sich in den Schatten der Bullenanlage zurückgezogen und döst vor sich hin. Leitkuh Daisy und ihre beiden jungen Gefährtinnen Saiwa und Etosha stapfen träge über die Damenanlage. Der richtige Zeitpunkt für ein erfrischendes Bad! Doch ohne männliche Begleitung gehen die drei Rüsselträgerinnen nie ins Wasser. Peter Schröer und Revierleiter Hermann Sommer schnappen sich ihre Elefantenhaken und klettern durch die mannsbreiten Zwischenräume der massiven Gittertüren auf die Anlage. Sofort trabt die Damengruppe neugierig zum Tor. Drei geschickte Rüssel tasten zielsicher die Hosentaschen der Pfleger nach Leckereien ab. »Nix gibt's, geht erst mal alle zurück.« Hermann schiebt mit sanfter Hand und entschlossener Stimme Daisys lange Nase weg. »Daisy zurück. Etosha zurück. Saiwa zurück«, kommandieren die beiden Tierpfleger. Sofort bewegen sich die grauen Damen ein, zwei Schritte rückwärts und stellen sich brav in loser Reihe auf. »Wir haben hier quasi eine Sonderstellung«, erklärt Peter. »Bei den Mädels is' Daisy die Chefin, und wir sind sozusagen Daisys Chefs.« Die menschlichen Anführer der Elefantenfamilie müssen ihre prominente Stellung innerhalb der Herde jeden Tag erneut behaupten. Rangkämpfe unter den grauen Kraftprotzen können recht ruppig werden. Aber Peter und Hermann gleichen den Größenunterschied mit Entschlossenheit und Fürsorge locker aus.

Peter Schröer und Hermann Sommer mit den drei Elefantenkühen Daisy, Saiwa und Etosha

Seit mehr als 30 Jahren gehören die beiden Pfleger nun zur Duisburger Elefantenfamilie. »Man muss nur ein Mal mit Elefanten gearbeitet haben, um zu wissen, ob man hier hin gehört oder nicht«, sagt Hermann, »das geht jedem Tierpfleger so.«

Hermann erinnert sich noch gut an seine erste Begegnung mit den grauen Riesen Afrikas. 1973 lebte im Duisburger Zoo eine bunt gemischte Dickhäuter-Herde: Zwei asiatische, ein afrikanischer Steppen- und ein afrikanischer

Waldelefant. Wie jeder Lehrling durchlief Hermann in seiner Ausbildung alle Reviere des Zoos, und wie bei allen Kollegen kam der Tag, an dem er zum ersten Mal allein zu den Tieren auf die Anlage musste. Der damalige Revierleiter gab dem Jungspund einen robusten Besenstiel in die Hand und machte deutlich, dass Hermann nur einen einzigen Versuch habe. »Denk dran, wenn Du ein Mal vor dem Elefanten wegrennst, werden sie Dich nie mehr respektieren. Wenn Du dann die Anlage verlässt, kommst Du nie wieder drauf. Merk Dir das.« Mit dem ganzen Mut seiner Jugend betrat Hermann das Gehege, den Besenstiel fest umklammert. »Plötzlich sehe ich aus den Augenwinkeln, wie der Waldelefant voll auf mich zu rennt. Ohren auseinander und rennt voll auf mich zu!« Hermann musste sich entscheiden: Entweder er setzte sich gegen den anstürmenden Dickhäuter durch oder er würde die Elefantenebene des Duisburger Zoos nie wieder betreten. Weglaufen kam nicht in Frage, also rannte er ohne weiter zu überlegen auf den Waldelefanten zu. »Ich hab bei jedem Schritt gedacht: Hoffentlich bleibt der stehen!« Zum Glück bremste der Elefant verdutzt ab, machte kehrt und floh schließlich vor dem heranstürmenden Jung-Tierpfleger. In der Sicherheit des Aufenthaltsraumes ließ Hermanns Adrenalinschub nach. »Da war ich plötzlich fix und fertig und hab mir gedacht: Was hast Du denn da gemacht? Aber seitdem waren wir gute Freunde, die Elefanten und ich.«

Man muss besondere Qualitäten besitzen, um mit den größten Landsäugetieren der Erde arbeiten zu können. Durchsetzungsvermögen und Courage reichen nicht aus, entscheidend ist allein die Sympathie der Dickhäuter. »Es ist ja nicht so, dass der Zoo-Direktor die Leute aussucht, die mit den Elefanten arbeiten, sondern die Tiere selbst«, erklärt Hermann. »Wenn nur ein Elefant in der Herde ist, der einen gar nicht richtig abkann, dann steht man immer mit einem Bein im Grab.«

Noch immer gelten die Dickhäuter als die gefährlichsten Tiere in Menschenhand. Leider passieren immer wieder Unfälle im Umgang mit den grauen Riesen. Seit Tausenden von Jahren halten Menschen Elefanten als Arbeitstiere, Statussymbole oder bilden sie sogar für den Kriegseinsatz aus. Anders als Kamele, Pferde oder Rinder wurden die grauen Riesen jedoch nicht gezüchtet, sondern als Jungtiere gefangen und gezähmt. Die brutalen Methoden der traditionellen Elefantenausbildung lehnten Peter und Hermann von Anfang an ab. »Früher zielte man in der Elefantenhaltung darauf

Elefant beim Schlammbad

Etosha und Saiwa warten am Tor auf ihre Pfleger

ab, den Willen des Tieres mit harten Strafen zu brechen. Solche Hardliner gibt es auch heute noch, in Asien, in der Zirkushaltung und leider auch in manchem Zoo«, erzählt Peter. »Wir wollten eine andere Art der Elefantenhaltung, eine andere Art mit den Tieren umzugehen.« Die Duisburger Pfleger setzten auf Vertrauen. »Ein Elefant, der über Härte erzogen wird, kann kein Vertrauen aufbauen, der kann nur Hass aufbauen, immer mehr, und derjenige, der mit dem Tier umgeht, muss eine immer größere Härte dagegensetzen. Irgendwann kann er nicht mehr und dann wird der Elefant Oberwasser kriegen. Und dann passieren die Unfälle.«

Hermann und Peter belohnen die Tiere wenn sie Anweisungen richtig ausführen; wird das gewünschte Ziel nicht erreicht, bleibt das Belohnungsfutter aus. Weigert sich ein Elefant überhaupt mit den Pflegern zu üben, zeigen sie ihm einfach die kalte Schulter. »Elefanten sind dann erst mal beleidigt und schmollen«, schmunzelt Hermann, »aber nach einer Weile kommen sie von selbst wieder an und dann klappt es besser.« Blaue Flecken und der ein oder andere geschwollene Fuß – schwerere Verletzungen mussten die beiden alten Hasen im Elefantenhaus nicht erleiden. In mehr als drei Jahrzehnten hat sich kein schwerwiegender Unfall ereignet.

Inzwischen haben die Elefantendamen ihr Bad im Teich genommen. Die beiden Kühe Saiwa und Etosha stammen wie der Bulle Shaka aus dem Lissaboner Zoo, der sie als Waisen aus einer südafrikanischen Aufzuchtsstation aufgenommen hatte. Von Portugal zogen sie 1996 im Alter von sechs Jahren ins Ruhrgebiet. »Wir haben sie ganz allein aufgezogen«, feixt Hermann unter seinem Bart. »Und jetzt sind das die liebsten Elefanten weit und breit.« Die liebsten Elefanten des Ruhrpotts lassen ihre schützende Schlammpackung in der Sonne trocknen. Peter und Hermann beobachten zufrieden ihre drei Damen. Auf der Bullenanlage schiebt Elefantenmann Shaka energisch sein Lieblingsspielzeug, eine tonnenschwere Baumwurzel, durchs Gehege. Bis vor kurzem konnten Peter und Hermann auch noch mit dem Elefantenbullen im direkten Kontakt trainieren. »Shaka hat uns ganz deutlich gezeigt, dass er jetzt erwachsen ist und seine eigenen Entscheidungen trifft«, erklärt Peter, »er hört nicht mehr auf uns und stellt protestierend seine Stoßzähne steil nach unten – das sind ganz klare Anzeichen, nicht mehr zu ihm ins Gehege zu gehen.«

Seit Mitte der achtziger Jahre ist in Europa jeder direkte Kontakt mit geschlechtsreifen Elefantenbullen gesetzlich verboten. Der Duisburger Zoo erweiterte deshalb das Elefantenhaus 2002 mit einem besonders gesicherten Gehege für Shaka. Der Bulle könnte Peter und Hermann helfen, ihr heimliches Karriereziel zu erreichen. »Dann hätten wir zwei in Duisburg die ganze Geschichte hier aufgebaut«, meint Peter. »Den ersten Bullen hier hin geholt, 'ne Zuchtgruppe zusammengestellt – und mit einer Geburt als Krönung hat man als Elefantenpfleger eigentlich alles erreicht«, beschreibt Peter seinen größten Wunsch. Hermann rechnet schon: »Nächstes Jahr wird ja bestimmt eine Kuh gedeckt. Dann haben wir 2008, und in 2010 haben wir das erste Jungtier. Wette ich sofort einen Kasten Bier drauf.« Bei so viel Vertrauen in den Bullen bleibt nur noch die Frage, welche Elefantendame dieser Duisburger Geschichte ihr kleines Happy End schenken wird.

Ein Spaziergang durch den Zoo mit Elefant Daisy

Vom Verhalten paarungswilliger Dickhäuter

Im Herbst 2007 hatte Shaka keine Lust mehr, seinen Pflegern zu gehorchen. Der 16-jährige Elefantenbulle reagierte auf kein Kommando und stellte stattdessen seine Stoßzähne senkrecht zum Boden. Für die erfahrenen Elefantenpfleger des Zoos ein eindeutiges Zeichen, dass er nun erwachsen war und fortan im sogenannten ›geschützten Kontakt‹ betreut werden musste. In weiser Voraussicht war das Elefantenhaus rechtzeitig um einen besonders gesicherten Bullenstall erweitert worden: Massive Gitter schützen die Pfleger; die Abstände zwischen den einzelnen Stangen sind groß genug, um Shaka zu versorgen und klein genug, damit der Bulle nicht mit dem Rüssel zuschlagen kann. Noch müssen die Elefantenpfleger am Kaiserberg solche Attacken nicht fürchten. Aber bald kommt Shaka in ein Alter, ab dem er alljährlich eine höchst schwierige Phase durchlebt: die Musth.

Das persische Wort bedeutet sinngemäß ›vergiftet‹ oder ›betrunken‹ und deutet wohl auf den unberechenbaren Zustand der Elefantenbullen hin. Bullen in der Musth sind deutlicher aggressiver als sonst und zeigen eine stark gesteigerte Paarungsaktivität. Grund dafür ist ein erhöhter Testosteronspiegel, der bis auf das 60fache normaler Werte ansteigen kann. Oft wird deshalb behauptet, dass die Musth ein brunftähnliches Verhalten darstellt. Dies ist nicht ganz richtig. Denn weibliche Elefanten sind nicht nur in bestimmten Jahreszeiten paarungswillig, wie bei vielen Hirsch- und Antilopenarten. Vielmehr hat jede Elefantenkuh ihren eigenen Zyklus, der mehrere Fruchtbarkeitsphasen im Jahr umfasst.

Trotzdem hat die Musth mit der Fortpflanzung der Dickhäuter zu tun. Elefantenbullen zeigen in dieser Phase ein überhöhtes Selbstbewusstsein. Häufig kann sich ein Musth-Bulle in Kämpfen gegen größere und stärkere Elefantenmänner durchsetzen. Und die Weibchen paaren sich bevorzugt mit Bullen in der Musth und verschmähen Konkurrenten, die nicht in diesem Zustand sind. Musth-Bullen zeigen neben verändertem Verhalten auch deutliche physische Merkmale. Aus den Schläfendrüsen läuft stetig ein öliges Sekret und zeichnet schwarze Spuren über die Wangen bis zum Mundwinkel. Schläfen und Rüsselansatz sind geschwollen. Aus dem Penis tröpfelt permanent Urin und bespritzt die Hinterbeine. Für unsere Nasen stinken die Bullen fürchterlich nach Moschus.

Das größte Problem bleibt jedoch die gesteigerte Aggressivität und Unberechenbarkeit während der Musth. Viele Pfleger wurden in früheren Zeiten verletzt oder sogar getötet, weil sie das Verhalten der Tiere in jener Periode nicht richtig einzuschätzen wussten. Heutzutage konnte man die Zahl der Unfälle durch verbesserte Haltungsbedingungen und den geschützten Kontakt verringern, aber daraus ergibt sich ein neues Problem: Bullen suchen in der Musth verstärkt den Kontakt zu empfangsbereiten Kühen. Für die Pfleger ist es in dieser Phase jedoch schwierig, die aggressiven Männchen zu den Weibchen zu führen. Außerdem ist der Platz in den meisten Zoologischen Gärten begrenzt, so dass es leicht zu Angriffen des Bullen kommen kann, wenn sich die Elefantenkühe nicht paarungswillig zeigen und das Raumangebot den Tieren nicht genügend Möglichkeiten zum Ausweichen bietet.

In Duisburg bewohnt Shaka zwei geräumige Innenstallungen, die auf ›Durchlauf‹ zum 800 Quadratmeter großen Außengehege gestellt werden können. Nur wenn sicher ist, dass Etosha, Saiwa oder Daisy ihre heiße Phase haben, darf die paarungswillige Kuh zu Shaka ins Separee ziehen. Und dann dafür sorgen, dass sich vielleicht der größte Wunsch der Duisburger Elefantenpfleger erfüllen wird – die Geburt eines Babyelefanten.

»Du bist hier im Aquarium«

Revierleiter Peter Schulz

Die erste Begegnung mit dem Herren der Duisburger Aquaristik verlief für die »Ruhrpott-Schnauzen« verbesserungswürdig. Zu Beginn der ZDF-Serie standen allgemeine Aufnahmen im Duisburger Zoo auf dem Programm – jedes Revier sollte mit so genannten ›Beauty Shots‹ vorgestellt werden. Ahnungslos breiteten eines Tages die Teams ihre Ausrüstung im Innenhof des Rio Negro-Komplexes aus, als sich plötzlich ein wettergebräunter Mann mit weißer Mähne und eisgrauem Schnauzbart vor der Redakteurin aufbaute. »Was wird das denn hier?«, fragte er sichtlich verärgert. Die Journalistin antwortete verdutzt, dass doch die Dreharbeiten begonnen hätten und nach dem Affenhaus nun dieses Revier an der Reihe sei. »Du bist hier aber nich' im Affenhaus«, erwiderte Revierleiter Peter Schulz. »Du bist hier im Aquarium.«

Ein breites Grinsen ziert sein Gesicht, wenn Peter Schulz diese Geschichte heute erzählt. Auch zwei Jahre nach jener ersten Begegnung freut er sich diebisch, die Filmleute damals in die Schranken gewiesen zu haben.

Das Duisburger Aquarium ist eine Welt für sich. Nicht nur wegen der Unterwasserbewohner, die wohl jedem Landlebewesen von einer fremdartigen Schönheit zu sein scheinen, fühlt man sich ein wenig wie im weiten Ozean. Taucht man ein in diese Welt, muss man ihre Regeln akzeptieren. Das ist im 1951 gebauten Aquarium, einem der ältesten Gebäude des Zoos, nicht anders. Es hat in der Tat ein bisschen gedauert, bis sich die Duisburger Aquarianer an die immer neugierigen und manchmal nervigen Fernsehleute gewöhnt hatten. Und umgekehrt. »Ich bin nicht der Typ der so zart besaitet daher redet – manchmal haste schnell wat gesagt, was Du nachher nicht mehr wegkriegst«, erklärt Peter Schulz in ausgefeiltem Ruhrgebiets-Akzent. »Dieses Reden vor der Kamera und den Umgang mit den Teams, das muss man erst lernen. Es ist was anderes, wenn einer aus dem Delfinarium kommt, der täglich mit dem Publikum redet und das gewöhnt ist, als wenn

Peter Schulz taucht mit
Flussdelfin Baby

einer sprechen soll, der so was nie vorher gemacht hat. Ich bin da also eher langsam reingerutscht und irgendwann hat es sogar ein bisschen Spaß gemacht.« So ist es. Bald merkten die »Ruhrpott-Schnauzen«, dass viel mehr im Revierleiter des Aquariums steckt, als man hinter der brummigen Fassade vermutet.

Peter Schulz ist der dienstälteste Tierpfleger des Duisburger Zoos – »ein altes Krokodil«, wie er zu sagen pflegt. 1961 begann er seine Lehre am Kaiserberg. Damals mussten die Lehrlinge nicht nur alles über die Tierarten des Zoos lernen, sondern wurden auch als Hilfskräfte zu Bauarbeiten eingeteilt. »Guck dir mal den Wirtschaftshof an, die ganzen Steine, die da liegen, dat ham wir gemacht«, erzählt der Revierleiter stolz. »Drei Lehrlinge haben das Ding gepflastert. Das sieht zwar aus wie Kraut und Rüben, aber das ist immer noch da. Da stolperste immer noch drüber.« Peter hat den Zoo mit aufgebaut und fast alle Reviere durchlaufen. Ein Tierpfleger der alten Schule. Zwischenzeitlich versorgte er alleine sechs Tiger und begann sogar die Raubkatzen zu dressieren – drinnen im Käfig, nicht etwa von außen durchs Gitter. »Bis der neue Chef kam, Dr. Gewalt, der hat mir das dann verboten. Vorher habe ich alles mit den Katzen gemacht. Aber ich hatte dann vorm Chef mehr Schiss wie vor den Tigern.«

Trotz aller Erfolge in anderen Bereichen schlug Peters Herz seit jeher für das Aquarium. Und deshalb wartete der Tierpfleger geduldig, bis er die Chance bekam, in die Unterwasserwelt einzutauchen. »Ich hätte jederzeit das Elefantenhaus haben können, ich hätte jederzeit das Affenhaus haben können«, erzählt Peter, »hab ich alles nicht gemacht, damit ich mir irgendwann diesen Traum erfüllen konnte.« Als der damalige Revierleiter in Pension ging, schlug seine Stunde. Mit dem Aquarium übernahm er allerdings auch ein schweres Erbe. Denn sein Vorgänger hatte sich – sehr zum Zorn des Direktors – nicht besonders sorgfältig um die schwimmenden Zoobewohner gekümmert. »Der hat halt alles kaputt gehen lassen und der Dr. Gewalt hatte einfach kein Vertrauen mehr in die Haltungsbedingungen«, erinnert sich Peter. »Der Alte wollte fortan nur noch sterile Becken sehen, ohne Sand ohne Wasserpflanzen ohne alles, damit ja nix mehr eingeht.«

Durch erfolgreiche Nachzuchten und stabile Fisch-Bestände konnte Peter seinen gestrengen Direktor schließlich überzeugen. Und Dr. Gewalt revanchierte sich bei seinem Revierleiter dafür, dass er das Aquarium gesund gepflegt hatte.

»1975 war dann bei den Fischen wieder alles in Butter und irgendwann hat er mich dann gefragt, ob ich nicht mit wollte nach Südamerika, Delfine holen. Das war dann sozusagen das Dankeschön für meine Mühen.«

Ein Buntbarsch im Duisburger Aquarium

Die Expedition ins Amazonasgebiet wurde für Peter Schulz zum unvergesslichen Erlebnis – auch weil seitdem FlussDelfin ›Baby‹ am Kaiserberg wohnt: erst im Aquarium und seit 2005 gleich nebenan, im geräumigen Becken des Tropenhauses ›Rio Negro‹. Der Meeressäuger ist eine Rarität; kein anderer Zoo außerhalb Südamerikas hält Flussdelfine. Für die »Ruhrpott-Schnauzen« und ihre Stammzuschauer sind Tage, an denen Peter zu Baby ins Becken steigt und den rosa Amazonasbewohner ordentlich abschrubbt echte Highlights. Für Peter übrigens auch. Denn über die Jahre ist aus der Zweckgemeinschaft eine Freundschaft zwischen Mensch und Tier entstanden.

Die faszinierende Unterwasserwelt im Aquarium fordert viel Pflege und Aufmerksamkeit

»Baby liegt uns am Herzen, richtig am Herzen. Das ist ein Kumpel von uns«, sagt Peter, »mit dem haben wir hier 32 Jahre sozusagen Stuhl an Stuhl unsere Tierpflegerzeit verbracht.« Trotz seines hohen Alters erfreut sich Baby bester Gesundheit und wird sich in absehbarer Zeit von seinem Freund und Revierleiter trennen müssen. Denn im Jahr 2009 will »das alte Krokodil« Peter Schulz in Rente gehen – nach 48 Jahren Dienst im Duisburger Zoo. Logisch, dass er einen speziellen Wunsch für seinen Ruhestand hegt. »Wenn ich in Rente gehe, dann möchte ich jederzeit her kommen und mit Baby schwimmen können«, verrät er ernst. »Dann sag ich: ›Jungs, ich bin jetzt mal da‹, und dann sagen die: ›O.k., geh, mach wat de willst‹. Das ist so der Traum für mich, weil der Traum hier auf der Arbeit für mich ja nun zu Ende geht.«

Ein Senior namens Baby

Flussdelfine wirken auf den ersten Blick wie eine urtümliche Rohfassung ihrer Verwandten aus dem Meer: Sie besitzen keine markante Rückenflosse, sondern einen eher flachen Kamm. Ihre lang gezogene Schnauze gleicht mehr einem zahnbewehrten Schnabel und weist bei näherer Betrachtung eine Vielzahl von Tasthaaren auf. Und die Brustflossen, die dem TV-Tümmler Flipper seinen Namen gaben, sind bei den FlussDelfinen deutlich breiter angelegt als bei den artverwandten Meeressäugern.

Dass es zu einer getrennten Entwicklung von Salz- und Süßwasserdelfinen kam, liegt an Veränderungen des Meeresspiegels vor etwa 15 Millionen Jahren. Damals standen zunächst weite Flächen der heutigen Kontinente unter Wasser. Als der Meeresspiegel sank, wurden viele Meeresbewohner in den Süßwassergebieten der Landmassen eingeschlossen. Während sich die im Ozean verbliebenen Ur-Delfine zu den pfeilschnellen Arten heutiger Zeit entwickelten, mussten sich die Artgenossen im Landesinneren an ihren neuen Lebensraum anpassen.

Für die Jagd im oftmals trüben Flusswasser perfektionierten die Tiere ihr Echolotsystem. Deshalb besitzen Flussdelfine eine besonders hohe Stirn – denn dort sitzt der Empfänger für die ausgesandten Schallwellen. Natürlich mindert eine solche Kopfform die Höchstgeschwindigkeit unter Wasser. Aber anders als im Meer entscheidet zwischen Wurzeln und Wasserpflanzen der großen Flüsse nicht Tempo sondern Beweglichkeit über eine erfolgreiche Jagd. Dafür sind wiederum die breiten Brustflossen ideal. Mit ihnen können Flussdelfine auf engstem Raum manövrieren und die Flipper sogar wie Paddel zur langsamen Vorwärtsbewegung nutzen. Außerdem hilft eine weitere anatomische Besonderheit: Die Nackenwirbel der Flussdelfine sind nicht zu einem festen Block verwachsen, sondern frei beweglich. So können sie Fische und andere Beutetiere auch in kleinsten Winkeln erwischen. Auch im Gebiss unterscheiden sich Salz- und Süßwasserdelfine erheblich. Sie besitzen neben den typischen kegelförmigen Walzähnen auch flache Beißwerkzeuge, mit denen sie die Schalen kleiner Schildkröten und Krebse knacken können.

In der Tropenhalle Rio Negro lebt eines dieser merkwürdigen Tiere: Der Amazonas-Flussdelfin ›Orinoko‹, genannt ›Baby‹. Er blickt auf eine lange Geschichte zurück:

Im Jahre 1975 brach ein Team des Duisburger Zoos unter der Leitung des damaligen Direktors Dr. Wolfgang Gewalt zu einer Expedition in das Gebiete des Rio Apure auf, eines Nebenflusses des Orinoko in Venezuela. Die Duisburger kehrten mit fünf Tieren zurück, vier ausgewachsenen Flussdelfinen und einem Jungtier: ›Baby‹. Seit dieser Zeit lebt ›Baby‹ in Duisburg und erfreut sich auch heute noch bester Gesundheit.

Heutzutage kommt es nur noch selten vor, dass Tiere in der Wildbahn gefangen werden, um sie in Zoos zu zeigen. Die Zucht bedrohter Tierarten und der Schutz natürlicher Lebensräume steht im Vordergrund. Moderne Zoologische Gärten versuchen in enger globaler Zusammenarbeit genetisch intakte Zuchtlinien zu bewahren, um Nachzuchttiere in ihren natürlichen Lebensräumen auszuwildern, wo immer es möglich ist.

FlussDelfine werden außerhalb ihrer südamerikanischen Heimat ausschließlich im Zoo Duisburg gehalten. Die Aussichten, für ›Baby‹ eine Partnerin zu bekommen stehen eher schlecht. Mit seinem Alter von 34 Jahren ist er ohnehin ein echter Senior. Und da die Tierpfleger des Aquariums regelmäßig zu ihm ins Wasser hüpfen, fühlt sich ›Baby‹ auch als einziger Vertreter seiner Art im Duisburger Rio Negro wohl.

Revierchef im Job und zu Hause

Während Revierleiter Alexander Nolte wie jeden Morgen seine Ankunftsrunde durch das dunkle Affenhaus dreht, fällt ihm Bewegung im Gorillastall auf. Normalerweise schlafen die meisten Bewohner des Reviers um diese Zeit noch. Neugierig schwenkt Alexander den Lichtkegel seiner Taschenlampe in Richtung des Käfigs und wird plötzlich rot im Gesicht. Schnell knipst er das Licht aus und schleicht in die Futterküche zurück. Soeben hat er Silberrücken Mapema und Gorilladame Safiri beim morgendlichen Schäferstündchen erwischt. Der Chef des Affenhauses strahlt mit einer Mischung aus Glückseligkeit und Scham.

Revierleiter Alexander Nolte bei seinen Orang-Utans

»Die beiden haben sich eindeutig ertappt gefühlt und waren fürchterlich entsetzt, dass ich sie jetzt dabei störe«, erklärt er. »Aber so was ist natürlich eine Begebenheit, die mich morgens super glücklich macht: dass der Gorillamann, den wir zur Zucht geholt haben sich gleich mit einem Weibchen paart und dass da alles schön klappt. Das muss ich nachher gleich dem Stefan erzählen«, sprudelt es aus ihm heraus. Denn Alexander ist auf Orang-Utans spezialisiert; um die Gorillas kümmert sich meistens sein Kollege Stefan Terlinden.

Der Revierleiter erscheint immer etwas früher als seine Kollegen im Affenhaus des Duisburger Zoos. In aller Stille – ohne Handwerker, Kollegen und Vorgesetzte – kann er sich voll auf die Tiere konzentrieren. Und so am Besten feststellen, ob es allen seinen Schützlingen gut geht. Heute Morgen überlegt er ernsthaft, jetzt, sofort, um sieben Uhr früh, Zoo-Direktor Achim Winkler anzurufen, um ihm die morgendliche Entdeckung mitzuteilen. Oder Tierarzt Manuel Garcia Hartmann. Da beide Herren auf ihrer täglichen Runde aber ohnehin ins Affenhaus kommen, setzt Alexander Nolte seine eigene Tour fort. »Bevor ich hier Revierleiter wurde, habe ich mich eigentlich mehr für Greifvögel, Reptilien und Fische interessiert«, gesteht der 34-Jährige, »aber inzwischen ist dieses Revier zu meiner Herzenssache geworden.«

> *»Es geht nicht, Affe ist ausgebrochen, Affe ist krank, Affe kriegt grad 'n Kind.«*

Familie Nolte wusste schon früh, dass der kleine Alexander eine tierische Karriere einschlagen würde. Als Kind kannte der heutige Revierleiter kein schöneres Spiel, als Zoos zu bauen. Kleine Zweige bildeten Gehegezäune, Moos wurde zu Rasenflächen, und als Stofftiere irgendwann zu leblos wirkten, zogen einheimische Tiere aus den nahen Wäldern ein. Aus den Schachteln für ›Schnecke rot‹ und ›Schnecke schwarz‹ wurden erste Volieren für verletzte Vögel und verirrte Igel. »Jedes Tier, was irgendwie Hilfe bedurfte, hab ich mit nach Hause geschleppt, ob es nun Hilfe wollte oder nicht«, lacht Alexander. Seit Noltes Kindertagen ist sein privater Zoo ein wenig gewachsen. »Nach Abschluss der Zuchtsaison haben wir so ca. 450 Tiere zu Hause«, grinst er, »von Vogelspinnen, über Fische, Vögel, Kaninchen und Meerschweinchen bis Reptilien, eigentlich alles, was so kreucht und fleucht.« Alexanders Freundin ist Tierpflegerin in einem anderen Zoo und arbeitet auch mit Menschenaffen. Klar, dass sie nach Feierabend hilft, die Tiere im Privatzoo Nolte zu pflegen. Fast alle zumindest. »Ich musste ihr versprechen, dass jede eines natürlichen Todes sterbende Vogelspinne nicht ersetzt wird«, räumt Alexander ein. Ansonsten kann er auf volles Verständnis seiner besseren Hälfte bauen. Selbst wenn unvorhergesehene Ereignisse die tägliche Arbeitszeit mal wieder um Stunden verlängern. »Oft versuch ich, sie anzurufen, um Bescheid zu geben, dass es später wird«, erzählt Alexander. »Da müsste sie schon lang zuhause sein und versucht aber gleichzeitig, mich auch anzurufen, weil ich auch schon lang zuhause sein müsste und wir uns gegenseitig sagen wollen: ›Es geht nicht, Affe ist ausgebrochen, Affe ist krank, Affe kriegt grad' n Kind‹. Das ist immer ganz süß.«

Inzwischen sind auch Stefan Terlinden, Jochen Fengler und Azubi Max Patschinsky im Affenhaus eingetroffen. Gebannt lauschen die drei, als Alexander von seiner morgendlichen Entdeckung berichtet. Dann teilt der Revierleiter seine Leute für den Tag ein. »Jochen, Du machst Futter und versorgst Dscheladas und Siamangs, Stefan macht Gorillas – klar, ne, und ich selbst bin bei de Orangs.« Dann weist er den blonden Auszubildenden ein. »Max, Du kümmerst Dich heute um Gibbons und Meerkatzen.« Max nickt zustimmend. »Das sind relativ viele Innen- und Außenkäfige«, erklärt Alexander, »damit hast Du ordentlich zu tun. Falls Du vorm Mittach mit Saubermachen fertig bist, kannste Jochen inner Küche helfen.«

Zwischen Orang-Utan Annette und Alexander Nolte herrscht ein vertrauensvolles Verhältnis

»Annette würde mir nie etwas tun, da gehe ich jede Wette ein.«

Große Verschnaufpausen kann man sich im Duisburger Affenhaus nicht erlauben. Es gibt einfach zu viel zu tun. Trotzdem pflegt Revierleiter Alexander Nolte ein morgendliches Ritual. Mit Weintrauben und einem Joghurt stiefelt er hinüber zum Orang-Utan-Gehege. Dort setzt er sich mit Orang-Utan-Mutter Annette in ein Gehege und spielt mit deren achtjähriger Tochter Jambi, während Annette ihr Joghurt isst. Ein fast unwirkliches Bild, wenn zwei entfernt verwandte Arten so nah und vertraut nebeneinander hocken. Und grundsätzlich eine gefährliche Situation, denn Annette ist dem Revierleiter körperlich weit überlegen. »Annette würde mir nie etwas tun, da gehe ich jede Wette ein«, meint Alexander bestimmt. »Wenn ich irgendwas falsch mache, kann es natürlich sein, dass sie mich angreift. Aber nicht, weil sie bösartig ist, sondern weil es einfach ein kommunikatives Missverständnis gab.« Tatsächlich ist es für den Betrachter schwer zu glauben, dass sich die einträchtig versammelten Primaten missverstehen könnten.

Nachdem er die Orang-Ställe gesäubert und sich von Annette für den Moment verabschiedet hat, klingelt Noltes Telefon. Das Team der Ruhrpott-Schnauzen kündigt seine Verspätung an. Wohlweislich, denn zu Beginn der Dreharbeiten fingen sich die Redakteure den ein- oder anderen Anranzer des Revierleiters ein. Nolte schmunzelt. »Wenn wir sagen 13 Uhr, dann heißt das für uns 13 Uhr«, grinst er, »manchen Fernsehleuten musste man erst klar machen, dass 13 Uhr nicht auch 13.30 Uhr beinhaltet. Aber das haben sie schnell gelernt.«

Hätten die Teams der Ruhrpott-Schnauzen häufiger auf die freundlichen Hinweise der Affenpfleger geachtet, wäre ihnen außerdem einiges an Enttäuschung und Materialverlust erspart geblieben. Und den Tierpflegern einige Situationen mit Unterhaltungswert. »Als Pfleger macht's dann bei den ganz Uneinsichtigen auch mal Spaß zu sagen: ›Dann mach doch mal, dann sieh doch mal zu‹«, feixt der Revierleiter. »Und wenn dann man fragt ›Naa, haste fertig gedreht?‹, kommen die traurigen Antworten: ›neeeee, Kabel ab, Puschel weg, Licht geklaut, Handy kaputt…‹. Ja, wer nicht hören will, muss fühlen!«

Manchmal bekamen Kameraleute, Tontechniker und Redakteure entwendete Gegenstände von den Affen zurück. In Einzelteilen. Aber weil man entscheidende Fehler selten zweimal macht, ist schon lange kein Mikrofon-Puschel mehr zum Affenspielzeug geworden.

Dreharbeiten im Affenhaus

Mutter Courage

Es gibt eine kuriose Geschichte über die einzelnen Menschenaffen vom Gorilla über den Schimpansen bis zum Orang-Utan: Wenn man bei allen drei Affen einen Schraubenzieher im Käfig vergisst, dann hat der Gorilla erst mal Angst davor, der Schimpanse nimmt sofort den Schraubenzieher und macht ihn kaputt. Der Orang-Utan beobachtet den Schraubenzieher stundenlang, tagelang, und irgendwann ist der Schraubenzieher weg. Aber man kann sicher sein, dass der Orang-Utan nachts mit dem Schraubenzieher ausbricht, im Park herumläuft und morgens wieder im Käfig sitzt, weil er analysiert hat, was man mit dem Schraubenzieher machen kann.

Alexander Nolte weiß, dass ein ordentliches Körnchen Wahrheit in diesem Gleichnis steckt. Vor einigen Jahren hat Sumatra-Orang-Utan-Dame Annette nämlich ihn analysiert. Während er eigentlich ihr Verhalten ausforschen wollte.

Damals weigerte sich Annette fast täglich, für die Säuberung ihres Schaukäfigs in den Schlafstall zu wechseln. Völlig egal, ob man sie mit Obst zu locken versuchte oder im Gegenteil ihr das Futter verweigerte. Als ihm die anderen Pfleger erzählten, dass man gefahrlos zu Annette ins Gehege gehen könne, versuchte Alexander sein Glück in direktem Kontakt. Mit dem Wasserschlauch als Beschützer wagte er sich vor und schimpfte von Angesicht zu Angesicht mit Annette, die sich daraufhin tatsächlich in die Schlafbox trollte. Dort gab ihr Alexander einen Joghurt zur Belohnung. Das System funktionierte wunderbar. Für genau eine Woche. Dann hatte die Orang-Dame herausgefunden, dass ihr Pfleger zwar laute Geräusche von sich gab, den gefürchteten Wasserstrahl aber nie gegen sie richtete. Das wäre Alexander Nolte auch nicht im Traum eingefallen – eine grundlose Dusche wäre einer Misshandlung Anettes gleich gekommen.

Doch eines Tages änderte sich die Situation: Schlecht gelaunt griff Annette Alexander Nolte an. Automatisch reagierend verpasste der Tierpfleger seiner rotzotteligen Bekannten eine Dusche mit dem Wasserschlauch. Verblüfft und pitschnass zog sich Annette freiwillig in die Schlafbox zurück. Sie wusste jetzt, wo die Grenzen ihres Pflegers lagen. Von nun an wechselte die Orang-Utan-Dame freiwillig das Gehege. Bis zu jenem Tag, als Alexander ungeduldig und gestresst versuchte, Annette durch die Tür zu schieben, um den täglichen Gang zu beschleunigen. Wütend biss sie in Alexanders Bein, bis dieser vor Schmerz aufheulte. Dann ließ sie ihn sofort los, blickte ihm eindringlich ins Gesicht und trollte sich in den Schlafstall. Dort wartete Annette lieb und geduldig, bis Alexander ihr das Belohnungs-Joghurt brachte. Die couragierte Orang-Utan-Mutter hatte dem Pfleger nun ihre eigenen Grenzen gezeigt: ›Ich hab dich nicht anzugreifen, aber du hast mich auch nicht in den Käfig zu schieben, wenn ich das nicht will.‹

Ihr Joghurt erhält Annette nun immer zum Frühstück. Was als Zwist begann, hat sich für beide Seiten zum lieb gewonnenen Ritual entwickelt. Nicht nur Zoologen dürfen sich fragen, ob Alexander das Verhalten der Orang-Utan-Dame richtig interpretiert hat. Oder ob nicht doch eher Annettes Analyse des Tierpflegerverhaltens zum Erfolg führte. Die Antwort liegt wahrscheinlich in der Mitte zwischen beiden Primaten.

Raubtiere im Streichelzoo

Revierleiter Christian Driesen und Binturong Manni

Haustiere können süchtig machen. Hat man einmal die Liebe zu Tieren entdeckt, will man immer mehr. Christian Driesen kennt dieses Gefühl. Der Revierleiter hat im Duisburger Zoo das Raubtierhaus und den Streichelzoo unter seinen muskulösen Fittichen. Mit einer ganzen Schubkarre voller Rindfleisch macht er sich täglich auf den Weg von der Futterküche zu Löwen, Bären und Nebelpardern. Angefangen hat für ihn alles allerdings mit ganz anderen Tieren. Nachdem er seine erste Kröte mit nach Hause brachte, war es um ihn geschehen. Auf den ersten Molch folgte die erste Schlange, die erste Vogelspinne und viele, viele Reptilien. Es gab Zeiten, da hielt der 28-Jährige mehr als 100 Schlangen zu Hause – die meisten davon giftig. Schon früh entwickelte Christian eine besondere Begeisterung für die schuppigen Gesellen.

»Als ich mir zum ersten Mal ernsthaft darüber Gedanken gemacht hab, was ich später mal für einen Beruf ergreifen will, da wollte ich Herpetologie studieren.«

Herpe- ... was? Rücksichtsvoll füllt Christian die Wissenslücke des Fragestellers.

»Herpetologie – das ist die Lehre der Reptilien und Amphibien. Das kommt vom griechischen ›herpeton‹, was so viel wie ›kriechendes Ding‹ heißt.«

Tierpfleger wollte der junge Mann dennoch nicht werden. »Ich dachte immer, das wäre so ein schlecht bezahlter Job, ohne geregelte freie Tage – salopp gesagt: Mist wegmachen für wenig Geld.« Aber nach einem Praktikum im Kölner Zoo änderte er seine Meinung über den Beruf des Zootierpflegers. »Da habe ich ganz andere Einblicke bekommen und herausgefunden, dass dieser Job sehr gut zu mir passt.«

Nach seiner Lehrzeit im Krefelder Zoo fing der muskulöse Kraftsportfan im Jahr 2004 als Springer im Zoo Duisburg an. Als der Revierleiterposten im

Raubtierhaus frei wurde, bewarb sich Christian trotz seines jugendlichen Alters auf die Stelle – obwohl dieser Bereich weder Amphibien noch Reptilien beheimatet. »Ich wollte einfach nicht mehr Springer sein«, bekennt er, »man kann keinen richtigen Draht zu den Tieren spannen, weil man immer den Arbeitsbereich wechselt.« Die Zooleitung fand, dass der Jungspund erst noch weitere Erfahrungen sammeln sollte und vergab die leitende Stellung

Die Löwen gehören zu den faszinierendsten Tieren im Raubtierrevier

> »Unsere Tiere hier sind hochgefährlich – da ist es lebenswichtig alle Käfigöffnungen doppelt und dreifach zu kontrollieren.«

an einen Kollegen. Doch dieser wechselte kurze Zeit später seinen Arbeitsplatz und Christian wurde zum neuen Revierleiter erkoren – gerade ein mal neun Monate nach seiner Ausbildung.

»Plötzlich gab es keinen mehr, der nachguckt oder hinterher räumt«, erzählt er, »früher hatte in letzter Instanz immer der dort arbeitende Tierpfleger die Verantwortung. Wenn man Revierleiter ist, dann hat man nicht nur die Verantwortung für das Wohlbefinden der Tiere, sondern auch für das hier arbeitende Personal.«

Lautes Grollen schallt vom Außengehege herein – wie um zu verdeutlichen, dass einige Tiere ihr heutiges Wohlbefinden vermissen. Zeit für die tägliche Löwenfütterung. Boss Piefke und seine drei Frauen stehen schon ungeduldig vor den Panzerglasscheiben und beobachten ihren Revierboss mit hungrigen Augen und halb geöffneten Mäulern. Christian verteilt vier mächtige Fleischportionen im Inneren des Schaukäfigs. Räumliche Distanzen sind dabei äußerst wichtig: Liegen zwei Stücke zu nah beieinander, ist der Futterstreit unter den Großkatzen vorprogrammiert. Danach sperrt der Raubtierchef alle Schieber wieder zu und kontrolliert jedes Schloss und jeden Riegel zwei Mal. »Unsere Tiere hier sind hochgefährlich – da ist es lebenswichtig alle Arbeitsschritte und besonders die Käfigöffnungen doppelt und dreifach zu kontrollieren«, sagt Christian nachdrücklich, »jede Nachlässigkeit kann zu Verletzungen oder Schlimmerem führen.«

Kaum hat der Revierleiter die Schieber zwischen Außenanlage und Schaukäfig geöffnet, stürzen sich der König der Tiere und seine gefährlichen Geliebten auf die ausgelegten Rinderschultern. Auch wenn man die Augen schließt, macht das Knacken der Knochen deutlich, welche Kraft in den Furcht erregenden Löwengebissen steckt. Anschließend erhalten auch Nebelparder und Kodiakbären ihre tägliche Proteinration. Im Laufe der Zeit scheinen die Nahrungsvorlieben seiner Schützlinge auf den Revierleiter abgefärbt zu haben. Denn Christian Driesen lebt nach einer strikten Diät und verzehrt hauptsächlich Eiweiß – wie seine Raubtiere.

Grund genug für einige Mitglieder der Ruhrpott-Schnauzen den prächtig tätowierten Pfleger nach Tipps zum Abnehmen zu fragen. Nicht alle sind seitdem schlanker geworden.

Nachdem die Fleischfresser versorgt sind, stiefelt Christian zum handzahmen Bereich seines Reviers hinüber. Erstaunlicherweise ist es gerade die

Ein Kodiakbär – das größte Landraubtier der Erde

Kombination von Raubtierhaus und Streichelzoo, die den Revierleiter fasziniert. »Ponys haben genau so interessante Seiten wie Zebras oder andere Tiere«, erklärt er, »wenn man genau hinsieht, ist eigentlich fast jedes Tier spannend.« An den zutraulichen Ponys, Schafen und Schweinen der Kuschelabteilung fasziniert Christian vor allem der pflegerische Gegensatz zu den anderen Bewohnern des Raubtierreviers. »Diese Tiere sind seit Jahrtausenden gezüchtet worden und deshalb viel mehr auf menschliche Pflege angewiesen als Wildtiere«, schwärmt er, »außerdem sind sie für Kinder viel interessanter als Löwen – dadurch bekommt man mehr Kontakt zu den Besuchern.« Dass seine Arbeit den Kontakt mit Tieren und Menschen fördert, darin sieht Christian Driesen den größten Bonus seines Berufes überhaupt. »Man kann den Tieren hier einfach einen schönen Tag bereiten und genau so kann man den Besuchern einen schönen Tag bereiten, wenn man über die Tiere erzählt oder eine Führung macht.«

Der einst verpönte Job ist für Christian zum Traumberuf geworden. Insbesondere, wenn seine Pflege Früchte trägt. »Wenn ein Tier krank war und durch die eigenen Bemühungen wieder gesund wird – das ist ein Lohn, der nicht in Geld aufzuwiegen ist«, sagt er mit Bestimmtheit. »So ein Feedback gibt es in anderen Berufen nicht. Es ist bestimmt schön für einen Mechaniker, wenn er ein Auto wieder zum Laufen bekommt, aber das ist was anderes. Tote Materie.« Das größte Glück für ihn: Nachwuchs im Revier. »Wenn die Tiere nachts gebären und man kommt am nächsten Morgen in den Stall und da steht plötzlich ein Jungtier – das ist ein unbeschreibliches Gefühl!«

Mit der steigenden Verantwortung im Zoo schwand Christians privater Tierpark bis auf einige ungiftige Schlangen, einen Skorpion und ein kleines Aquarium. Den Traum von herpetologischer Forschungsarbeit hat er sich dennoch bewahrt. Höchst ambitioniert formuliert er seinen Lebenswunsch: »Ich würd ganz gern irgendwo in die tierpflegerische Geschichte eingehen. Ich weiß noch nicht genau wie, aber mir fällt da bestimmt noch was ein, ich hab ja die nächsten 40 Jahre noch Zeit. Vielleicht habe ich ja Glück und finde auf Reisen noch unbekannte Reptilien. Wenn eine Schlangen- oder Echsenart nach mir benannt würde – das fände ich toll.«

Zoofreunde sollten also in Zukunft darauf achten, ob der Duisburger Zoo neue Gehege baut. Denn darin könnten sich dereinst seltene ›Driesen-Kobras‹ befinden. Oder Ponys, die sich ausschließlich von Eiweiß ernähren.

Auch Esel leben im Raubtierrevier

»Ponys sind für Kinder viel interessanter als Löwen.«

Räuber im Nebel

Wie müssen sich Teilnehmer einer Expedition fühlen, die plötzlich und unerwartet eine Tierart entdecken, die seit langem als verschwunden galt? Im Jahre 1989 konnten sich Forscher in Nepal über solche Erlebnisse freuen. Denn an vier verschiedenen Orten entdeckten sie Nebelparder, die man im Land seit mehr als hundert Jahren für ausgerottet hielt. Man hatte sie schlicht und einfach übersehen.

Die mittelgroßen Raubkatzen verdanken ihren Namen der schattenhaften Fleckenfärbung ihres Fells. Sie hätten ihn auch für ihre überaus heimliche Lebensweise verdient.

Obwohl diese Art bereits 1821 ihren wissenschaftlichen Namen bekam, waren sich die Forscher bis vor kurzem uneinig, in welche Katzenfamilie die Tiere einzuordnen seien. Denn Nebelparder gebärden sich wie eine kuriose Mischung aus Großkatzen (wie Löwe und Tiger) und Kleinkatzen, zu denen auch die Hauskatzenrassen zählen. Nebelparder sind mit einer Kopfrumpflänge von 85 Zentimetern nicht ganz so groß wie ein Leopard – zu klein für eine Großkatze, für eine Kleinkatze schon riesig. Auf einem Ast ausgestreckt legen die Baumbewohner in Ruhephasen ihren Schwanz der Länge nach ab – wie Großkatzen. Kleinkatzen ringeln ihren Schweif gewöhnlich um die Pfoten. Fast alle Großkatzen können dagegen herrlich laut brüllen. Nebelparder nicht. Sie schnurren wie Hauskatzen. Nur ein bisschen lauter.

Dank DNA-Analysen steht inzwischen fest, dass der Nebelparder eindeutig zu den Großkatzen zählt, denn seine genetische Struktur ist Tigern, Löwen und Leoparden viel ähnlicher als kleinen Katzenarten. Man kennt den Nebelparder als exzellenten Jäger. Mit Hilfe seiner großen Krallen läuft er Bäume mühelos kopfüber hinunter. Deutlich eleganter als andere Katzenarten, die zumeist etwas ungelenk Schwanz voraus die Stämme herab rutschen. Sein Beuteschema reicht von Vögeln und Affen, die er in den Baumkronen erbeutet, bis zu Hirschen, Schweinen und anderen Bodenbewohnern, die er auf Ästen lauernd im Sprung erlegt. Seine bis zu fünf Zentimeter langen Reißzähne, im Vergleich zur Körpergröße die längsten aller Katzenarten, erweisen sich beim Erbeuten größerer Tiere als äußerst nützliche Waffe. Doch damit erschöpfen sich schon die gesicherten Erkenntnisse über die natürliche Lebensweise der nebulösen Räuber.

In fast allen Ländern Mittel- und Südasiens leben Nebelparder. Die größte Population wurde bis vor kurzem auf Borneo vermutet, einer Insel, die (bisher) nur an den Küstenrändern von Menschen besiedelt wurde und sich immer wieder als zoologische Wundertüte erweist. In den dichten Wäldern des Inselinneren entdecken Wissenschaftler jedes Jahr neue oder verschollen geglaubte Tierarten. Wen wundert es da, dass die dort lebenden Nebelparder nicht das sind, was sie bisher zu sein schienen? Auch hier brachten Erbgutuntersuchungen Licht ins Dschungeldickicht. Seit dem Frühjahr 2007 steht fest, dass sich die Nebelparder auf Borneo und Sumatra von ihren Festland- Verwandten genetisch so sehr unterscheiden wie Löwen vom Tiger. Seitdem werden Borneo- und Sumatra-Nebelparder in einer eigenen Art zusammengefasst. Eigentlich hätten die unterschiedlichen Färbungen beider Arten schon auffallen müssen. Denn das Fell der Borneo-Parder zeigt dunklere Nebelflecken und einen doppelten Aalstrich auf ihrem Rücken. Nur hatte dies bisher niemand bemerkt. Vermutlich nicht die letzte Überraschung dieser wunderschönen, heimlichen Katzen.

Safari am Kaiserberg

Trampeltiere haben's gut. Sie können fast jede pflanzliche Nahrung verwerten, bis zu 20 Tage ohne Flüssigkeit auskommen und reagieren gelassen auf Klimaschwankungen, solange die Temperatur irgendwo zwischen 40 Grad plus und 40 Grad minus liegt. Den Duisburger Botschaftern dieser Art geht es sogar noch besser. Die extremem Temperaturen ihrer asiatischen Heimat kommen im Ruhrgebiet so gut wie nie vor, sie dürfen trinken so viel sie wollen, und jeden Morgen bekommen sie Frühstücksbrötchen direkt ans Bett geliefert. Alte Brötchen wohlgemerkt, die knuspern so schön.

Revierleiter Mike Kirschner mit Kamelstute Shaila

Meist erscheint der morgendliche Lieferservice in Gestalt eines durchtrainierten Mannes mit blonden, kurzen Haaren und roten Wangen. »Guten Morgen«, begrüßt Mike Kirschner seine Doppelhöcker-Herde, »gut geschlafen?« Der Reviertierpfleger öffnet alle Luken zum Gang des Kamelstalls und steckt der Reihe nach jedem Trampeltier ein Brötchen ins Maul. Selbstverständlich erhält Kamelhengst Sultan seine Semmel zuerst, vor den Schönheiten seines Harems. Keine der Damen regt sich darüber noch auf – man muss den Männern kleine Freiheiten lassen. Bei der altehrwürdigen Stute Shaila bleibt Mike ein bisschen länger stehen, um zu schmusen. »Shaila ist seit 23 Jahren hier – fast genau so lange wie ich.« Zärtlich streichelt Mike über ihre weiche Nase. »Man soll kein Tier bevorzugen – das tun wir auch nicht –, aber wenn man sich so lange kennt, dann baut man eine besondere Beziehung auf.«

Mike hatte viel Glück, als er sich vor 25 Jahren als Tierpfleger im Duisburger Zoo bewarb. »Damals waren nur zwei Stellen zu besetzen, es gab aber um die hundert Bewerber.« Aber der Duisburger konnte einiges an Erfahrung vorweisen. Bereits als zehnjähriger Knirps besaß er seine eigene Taubenzucht. »Klar, das hilft einem natürlich weiter, wenn man schon Erfahrungen in Zucht und Tierhaltung sammeln konnte.« Klar auch, dass Mike nach bestandener Prüfung am Liebsten in die Fasanerie wechseln wollte.

> »Um unser Leben fürchten müssten wir zwar nicht, aber wenn Berenty beißt, kann das höllisch weh tun.«

Aber daraus wurde nichts und Mike arbeitete bis 1993 als Springer in allen Revieren des Zoos. »Ich bin nicht traurig, dass es mit der Fasanerie nicht geklappt hat. Ich habe hier so ein schönes gemischtes Revier und Vögel sind ja auch dabei«, lächelt er und blickt zu den Marabus hinüber. Die immer etwas zerstreut wirkenden Schreitvögel sind furchtbar neugierig, überhaupt nicht schreckhaft und versuchen stets irgendetwas zu stibitzen. Scheinbar beiläufig schreiten sie um die Kameraleute auf ihrer Anlage herum, um in unbeobachteten Momenten mit ihrem langen Schnabel nachzusehen, was die ungewohnten Besucher in ihren Taschen versteckt halten. Zahlreiche verwackelte Bilder zeugen von Momenten, in denen sich Kameraleute der Ruhrpott-Schnauzen auf die Objekte vor der Linse konzentrierten und nicht auf den Marabu im Rücken. Glücklicherweise benutzen die afrikanischen Störche ihre langen harten Schnäbel mit vorbildlicher Behutsamkeit.

Die Bewohner afrikanischer Steppen schreiten in Duisburg über grünen Rasen, ganz anders als in ihrem ursprünglichen Lebensraum. »Das war mal eine komplette Sandanlage. Hier lebten früher Strauße, da sah das auch am Anfang ganz gut aus, aber die Tiere hatten oft Probleme mit den Füßen, die Marabus auch, weil sie durch die Reibung des Sandes Infektionen bekamen«, erzählt Mike. »Wir haben in den letzten sieben, acht Jahren hier Mutterboden aufgefahren und Gras eingesät. Jetzt bleiben die Entzündungen aus und 'ne grüne Anlage sieht optisch auch schöner aus.« Bis vor einem Jahr teilten die Marabus ihre Anlage mit Stachelschweinen und Nyala-Antilopen – sämtlich Bewohner des schwarzen Kontinents. »Wenn man Tiere hält, will man irgendwann auch mal gucken, wie leben die Tiere draußen«, sagt Mike und seine Augen leuchten, »Ich hatte damals Glück und durfte mit einem Arbeitskollegen nach Afrika fliegen. Die Tierwelt dort hat mich völlig in ihren Bann geschlagen.« Seit dieser ersten Reise trägt Mike das Safari-Virus in sich und nutzt jede Möglichkeit, um abseits touristischer Routen die endlosen Savannen zu durchstreifen.

Trampeltiere, Marabus, Wisente und Fossas – Mike betreut ein sehr vielfältiges Revier. Arbeitsintensiv ist sein Bereich obendrein: Trampeltiere und Wisente machen ordentlich Mist. Während sich alle Tiere draußen um das Frühstücksbuffet versammeln, säubert Mike mit Rechen und Mistgabel alle Ställe und bestückt die Trampeltier-Zimmer mit frischem Stroh. Nachdem er auch Stachelschweine und Marabus versorgt hat, macht er sich auf den

Ein Wisentkalb im Kamelrevier

Wüstenschiffe im Duisburger Zoo – ein Trampeltier

Weg zur Fossa-Anlage. Als im Duisburger Zoo diese seltenen madagassischen Schleichkatzen zum ersten Mal für Nachwuchs sorgten, war das eine internationale Sensation. Inzwischen ist die Zucht der schlanken, braunen Raubtiere so weit gediehen, dass der Zoo Duisburg das internationale Zuchtbuch für Fossas führt. »Als ich mich für dieses Revier beworben habe, waren die Fossas ein wichtiger Aspekt. Ich fand die Tiere von Anfang an sehr interessant.«

Seit vielen Jahren ist der Duisburger Zoo dafür bekannt, auch seltene Tiere zu zeigen, die nur in wenigen Zoos der Welt gehalten werden. Aber die Fossa-Anlage stellt etwas Besonderes dar. Seit 1980 ist der Duisburger Zoo der Einzige, in dem regelmäßig Zuchterfolge des ›lebenden Fossils‹ gelingen. Mike ist glücklich, beim Erhalt dieser von der Ausrottung bedrohten Art mithelfen zu können. »Oft ist es so, dass bestimmte Zuchterfolge auch mit den Pflegern verbunden sind.«, erzählt er ohne jede Eitelkeit. »Wenn erfahrene Pfleger in Rente gehen, brechen die Zuchten manchmal plötz-

»Wenn man sich so lange kennt, dann baut man eine besondere Beziehung auf.«

lich zusammen. Das war Gott sein Dank in meinem Fall nicht so.« Auch im vergangenen Jahr konnte sich der Revierleiter über kleine Fossas freuen: Seine Lieblings-Dame ›Pfote‹ brachte zwei gesunde Jungen zur Welt. »Sie ist schon ein besonderer Charakter«, meint Mike als er die Gehegetür öffnet, »normalerweise könnte ich zu einem Muttertier nicht so einfach reinspazieren. Aber Pfote vertraut mir – und ich ihr.« Vorsichtig betritt der erfahrene Revierpfleger Pfotes Reich. Sofort verstecken sich die Jungen hinter einem Hügel und beobachten den Zweibeiner lieber aus sicherer Entfernung. Die Mutter stellt sich schützend vor ihre Kinder. Vertrauen ist gut, Kontrolle ist besser.

Mike sieht das ähnlich. Niemals würde er grundlos in das Gehege von Berenty gehen, dem Vater der jüngsten Duisburger Fossas. »Obwohl wir Menschen so viel größer sind, greift er uns furchtlos an, wenn wir sein Revier betreten«, weiß Mike aus Erfahrung. »Um unser Leben fürchten müssten wir zwar nicht, aber wenn Berenty beißt, kann das höllisch weh tun.« Der Kater kam direkt aus den Wäldern Madagaskars nach Duisburg und hat das Erbgut der Zoogruppe mit seinem wilden Blut gehörig aufgefrischt.

Auch Madagaskar hat Mike schon besucht. Seine Fossa-Sichtung dauerte allerdings nur wenige Sekunden. »Ich hab ein Tier wegflitzen sehen – immerhin«, erzählt er lachend. »Die Jahreszeit war nicht ganz so entsprechend. Die besten Chancen hat man so im November, Dezember, wenn die in der Paarungszeit sind, dann werden sie unvorsichtig. Ansonsten sind die sehr heimlich und scheu.«

Fossas kommen nur auf Madagaskar vor. Die fortschreitende Zerstörung ihres natürlichen Lebensraums bedroht alle Tiere dieser größten afrikanischen Insel. Umso wichtiger sind die Zuchtprogramme zoologischer Gärten. Mike ist stolz auf seine erfolgreiche Arbeit: Weltweit stammen fast alle Fossas in Zoos aus der der Duisburger Familie.

Die Fossas stammen aus Madagaskar

Lebende Fossilien

Mutter Natur lässt sich gern Zeit. Und das mit gutem Grund. Jahrmillionen feilt sie an manchen Schöpfungen, bis diese perfekt an ihren Lebensraum angepasst sind. Manche Arten waren schneller fertig und haben sich seit Urzeiten kaum verändert. Eines dieser Lebewesen ist die Fossa, das größte Raubtier Madagaskars.

Lange Zeit war der Wissenschaft nicht klar, zu welcher Familie die eleganten Jäger gehören. Denn Fossas tragen die morphologischen Merkmale verschiedenster Arten. Ihr kurzer Schädel, der Aufbau ihrer Reißzähne und die einziehbaren Krallen wirken eindeutig katzenartig. Jedoch fehlen die typischen Krallenscheiden, in denen die spitzen Fingernägel bei Löwen, Tigern und anderen Raubkatzen verschwinden. Zudem laufen sie gar nicht nach Katzenart auf den Zehen, sondern setzen beim Gehen wie Bären die ganze Sohle ihrer Pfoten auf. Zoologen vergangener Tage lösten das Problem, indem sie Fossas als eigene Gattung der Schleichkatzen-Familie beschrieben: *Cryptoprocta* – zu deutsch ›verborgener Anus‹. Denn der After der Tiere ist in einer so genannten Analtasche verborgen. Dieses Merkmal haben Fossas mit den Schleichkatzen gemein, ebenso wie deren typische Erscheinung: Ein langer, schlanker Körper auf kurzen, kräftigen Beinen. Genetische Untersuchungen in jüngster Zeit ergaben, dass alle madagassischen Raubtiere einen gemeinsamen Vorfahren in der Urzeit hatten. Für diese Tiere stellten die Wissenschaftler eine neue Gruppe auf, die Eupleridae, in der die Fossas nun die einzigen Vertreter der Gattung Cryptoprocta sind.

Wenn man in die gelben Raubtieraugen einer Fossa blickt, meint man eine urtümliche Wildheit brennen zu sehen. Weil die Spezies so lange der Evolution trotzte, wird sie manchmal ›lebendes Fossil‹ genannt. Tatsächlich lebten Fossas bereits vor Millionen Jahren auf Madagaskar. Flink auf dem Boden laufend und ebenso geschmeidig durch die Bäume des Dschungels kletternd, kam diese altertümliche Tierform bestens in ihrem Lebensraum zurecht. Auf der Pirsch nach Kattas und anderen agilen Baumbewohnern springen Fossas trotz eines Gewichts von bis zu 20 kg mühelos von Ast zu Ast. Der körperlange Schwanz hilft während der Jagd durch die Urwaldwipfel beim Balancieren. Das kurze, rostbraune Fell lässt die überwiegend nachtaktiven Tiere mit der Dunkelheit verschmelzen.

Immer schon standen Fossas auf Madagaskar an der Spitze der Nahrungskette. Bis vor etwa 2000 Jahren eine fremde Art zum ersten Mal die unberührten Wälder und Ebenen der Insel betrat. Leider handelte es sich um das gefährlichste Raubtier der Erde: den Menschen. Inzwischen sind fast 90 Prozent der Regen- und Trockenwälder Madagaskars verschwunden; abgeholzt, verbrannt oder durch Umweltverschmutzung zerstört. Mit ihrem Lebensraum verschwinden die einzigartigen Tierarten. Heute stehen fast alle Vertreter der madagassischen Fauna auf der roten Liste bedrohter Arten. Sie werden aussterben, wenn es der Menschheit nicht gelingt, ihre Fehler rückgängig zu machen. Die letzte Zählung im Jahr 2000 ergab noch 2.500 ausgewachsene Fossas auf Madagaskar – eine ungefähre Zahl, denn Beobachtungen in der Natur sind nach wie vor selten. 90 Exemplare leben weltweit in zoologischen Gärten. Fast alle Zoo-Fossas stammen aus Duisburg. Kein anderer Zoo konnte so viele Nachzuchten dieser uralten Art verzeichnen. Vielleicht ein entscheidender Beitrag, damit die Fossa ein ›lebendes‹ Fossil bleibt.

... wie ein Gorilla nach Duisburg kam

Kurator Dr. Jochen Reiter

Bevor Gorillaweibchen Safiri vom anderen Ende der Welt aus dem Zoo Adelaide nach Duisburg kam, musste Zoo-Kurator Dr. Jochen Reiter monatelang mit Experten in Kommissionen, mit Zoodirektoren sowie Berufskollegen in anderen Tiergärten diskutieren, korrespondieren und sich beraten. Nachdem die zuständigen Behörden in Australien und Deutschland die Ein- und Ausfuhrgenehmigungen erteilt hatten, war Safiri fast reisefertig.

Aber warum wird ein Gorilla überhaupt mit solch einem Aufwand um die halbe Welt geschickt? Viele Tierarten sind mittlerweile in ihren Beständen bedroht. Zerstörung des Lebensraumes, Bürgerkriege und Bejagung haben Gorillas gebietsweise bereits ausgerottet. Zoologische Gärten versuchen mit Schutzbemühungen direkt vor Ort – beispielsweise die Errichtung von Reservaten – und durch die Zucht bedrohter Tiere diese Arten zu erhalten.

Einer Tierart kann nur dann erfolgreich unter die Arme gegriffen werden, wenn die Zoos weltweit bestmöglich zusammenarbeiten. Dafür gibt es das so genannte Zuchtbuch. »Für jede einzelne bedrohte Tierart sitzt irgendwo in einem Zoo ein Fachmann, der seinen Kollegen als Koordinator für diese Art bekannt ist«, erklärt Dr. Reiter. »In Duisburg haben wir diese Funktion gleich sechsmal inne, nämlich für Große Tümmler, Koalas, Wombats, Bärenstummelaffen, Pinselohrschweine und Fossas – bei den beiden letzten managen wir sogar den Weltbestand.«

Ein koordinierender Kurator sammelt alle verfügbaren Daten. Wie viele Zoos halten diese Tierart überhaupt? Wo kommen die Tiere ursprünglich her, welchen Stammbaum haben sie? Wo gab es Geburten, wo Transfers und wo Todesfälle? »Es ist wie ein Puzzle und nach langen Recherchen und vielem Kopfzerbrechen blickt man am Ende auf ein hoffentlich vollständiges Bild der Zoopopulation«, so der Duisburger Zoologe Reiter.

Die Kuratoren der Zoos müssen besonders darauf achten, Inzucht auszuschließen. Je weniger verwandt die Tiere untereinander sind, umso genetisch gesünder ist der Zoobestand. Nur so können ursprüngliche Wild-Merkmale bewahrt werden, die es den bedrohten Tieren überhaupt ermöglichen, wieder ausgewildert in der Natur zu bestehen. »Nach etlichen Analysen schicke ich eine Liste an die Kollegen«, erklärt Dr. Reiter, »mit zahlreichen Vorschlägen, mit welchen Tieren sie weiterzüchten, welche sie wohin abgeben und woher sie neue bekommen sollen.«

Damit zurück zu Safiri. Mit der Kennung 1342 taucht sie neben vielen Artgenossen im Gorilla-Zuchtbuch auf. Ursprünglich in Europa geboren und mit der Familie nach Australien ausgewandert, sollte Safiri nun wieder zurückkommen. Genetisch passt sie bestens zur neu etablierten Duisburger Gorillagruppe.

Nach dem veterinärmedizinischen o.k. transportierte man Safiri zunächst per Truck von Adelaide nach Melbourne. Dort wartete bereits eine Frachtmaschine – ein Linienflug schied aufgrund der Größe ihrer Transportkiste aus. Als Ergebnis internationaler Übereinkünfte werden Menschenaffen während derartiger Reisen von ihrem vertrauten Pfleger begleitet, da sie beruhigend auf ihre Schützlinge einwirken.

Nach beinahe 60 Stunden Reise um die halbe Welt mit aufwändigen Transit- und Zollabfertigungen kam Safiri mit ihrer Pflegerin Emma endlich im Duisburger Zoo an. Der Aufwand hat sich gelohnt. »Mittlerweile ist Safiri in ihrer neuen Gruppe voll integriert«, erzählt Dr. Reiter stolz, »und wurde vom neuen Duisburger Zuchtmann bereits gedeckt. In neun Monaten wissen wir mehr …«.

Gorilladame Safiri reiste in einer großen Kiste von Adelaide nach Duisburg

Ein Tier muss vier Beine haben

Revierleiter Peter Dieckmann
und Nashornbulle Hluti

Peter Dieckmann ist ein Fels von einem Mann: Mehr als einen Meter achtzig groß und recht massiv gebaut. Einer, der nicht jammert, der keine Wehwehchen kennt und der redet, wie ihm der Mund im Ruhrgebiet gewachsen ist. Der 49-Jährige leitet das Duisburger Afrikanum, einen sehr arbeitsintensiven Bereich des Zoos. »Das ist ein Arbeiterrevier, da muss man ordentlich keulen: großes Revier, viele Tiere, viele große Tiere«, erklärt der gebürtige Duisburger, »da fängt man morgens an und abends hat man immer noch nich' alles geschafft. Aber mir macht das nix aus. Ich hab' mein Leben lang körperlich schwer gearbeitet – da rostet man wenigstens nicht ein.«

Peter teilt sich das Afrikanum mit seiner Kollegin Tanja Tebart – Peter versorgt Zebras und Breitmaulnashörner; Tanja kümmert sich um die Watussi-Rinder und die Pinselohrschweine. Äußerlich könnte das Paar nicht unterschiedlicher sein, denn Tanja ist zwei Köpfe kleiner als Peter und im Vergleich mit ihm äußerst zierlich gebaut. Aber beide sprechen dieselbe Sprache – und das bezieht sich nicht nur auf den ausgeprägten Dialekt. Über die Jahre hat sich ein hochachtungsvoller Tonfall mit schroffer Herzlichkeit im Afrikanum etabliert. Allüren sind hier fehl am Platz, die Tiere machen schließlich genug Mist. »Dat bringt nix, wenn ich hier der große Chef bin«, sagt Peter bestimmt, »sondern dat muss Hand in Hand gehen. Man muss sich vertrauen und auf den andern verlassen können. Und Frau Tebart is' nich' zu unterschätzen. Ich sach immer: Klein aber zäh. Man sollte nich meinen, dat man als Frau soviel Kraft hat.«

Ja, die beiden Tierpfleger des Afrikanums reden sich höflich mit Nachnamen an. Das wirkt zunächst eigenartig, da sich in der Zoowelt fast jedermann über Vornamen verständigt. Aber irgendwie drückt es auf charmante Weise genau den Respekt aus, den Tanja und Peter voreinander empfinden. Zum Revier gehören neben den ›echten‹ Afrikanern auch die Anlagen für

Auch Watussi-Rinder leben im Afrikanum

europäische Vielfraße und amerikanische Waschbären. »Dat is alles multikulti hier«, sagt Peter und greift nach einer Futterschale. »Hömma, Frau Tebart, haste die Geier schon versorgt?«, brüllt er durch die weißgekalkten Gänge der Stallungen. »Nee, Herr Dieckmann, hab ich noch nich«, schallt es von weit hinten zurück. »Na toll …«. Peter verzieht säuerlich das Gesicht. Die ›Geier‹ sind in Wirklichkeit afrikanische Graupapageien und sie gehören nicht gerade zu Dieckmanns Lieblingstieren. »Man hat mir hier irgendwann

Zebras im Afrikanum

'ne große Voliere aufs Auge gedrückt, aber da muss ich halt mit leben, ne«, brummt Peter, während er Körnerfutter in die Schale schüttet. »Da sollten eigentlich kunterbunte Flattermänner rein: Aras, Kakadus, Amazonen, dat sollte alles gemixt werden. Aber da hab ich mich durchgesetzt und hab gesagt: Nö, dat is hier Afrikanum und da kommen nur afrikanische Tiere rein. Dat hab ich ganz bewusst gemacht, um dat klein zu halten. Ich mag einfach keine Vögel. Dat is überhaupt nich mein Ding, hömma. Ein Tier muss vier Beine haben.«

Selbstverständlich pflegt Peter die Piepmätze genau so fachkundig und fürsorglich wie die anderen Bewohner des Afrikanums. Aber einen Platz in seinem Herzen werden sie wohl nicht mehr finden. Es sei denn, die ›Geier‹ quetschen sich neben eine ganze Rotte Pinselohrschweine und die grauen Dreitonner Nongoma und Hluti, die beiden Breitmaulnashörner des Duisburger Zoos. Nicht viele Menschen würden sich gemeinsam mit den majestätischen Tieren auf eine umzäunte Anlage wagen. Peter Dieckmann traut sich fast täglich. Und die riesigen Dickhäuter laufen ihm hinterher, wo auch immer er steht, wie ein Paar alt vertrauter Hunde. »Die erkennen mich ganz genau an meiner Stimme. Wenn ich jetzt auf die Anlage gehen würde, kämen sie sofort angelaufen und würden dann direkt neben mir stehen«, erklärt der Revierleiter. »Die lieben diesen körperlichen Kontakt, wenn ich die anpacke, wenn ich sie streichel, mit denen spreche, dat genießen die schon. Ansonsten würden sie ja gar nich kommen, dann würden sie denken: ›Wat will der Idiot da aufe Anlage, lass mich in Ruhe. Aber sie sind sofort da.«

Heute allerdings ist kein guter Tag für direkten Dickhäuterkontakt. Als sich Peter dem Nashornstall nähert, um die Tiere auszusperren, lässt ein tiefes, urtümliches Grollen die Luft erzittern. Kurz danach ertönt ein Scheppern, so laut, dass man fürchtet, die massiven Eisenstäbe der Nashornanlage könnten abbrechen. »Ehestreit«, konstatiert der Reviertierpfleger trocken. »Hluti hat die Kuh bestimmt nachts geärgert. Für uns ist das 'ne Warnung. Ich halt mich dann raus aus sone Ehestreitigkeiten – wenn zwei Eheleute streiten, sollte man als Außenstehender immer die Füße still halten. Wat willste da auch machen?«

Peter Dieckmann hat am eigenen Leib erfahren, wie schmerzhaft es sein kann, wenn man sich in die Ehestreitigkeiten eines Nashornpaares einmischt. Am Tag der offenen Tür vor einigen Jahren wollte ein Reporter un-

»Wenn zwei Eheleute streiten, sollte man als Außenstehender immer die Füße still halten.«

bedingt fotografieren, wie Kinder das Horn der Tiere streicheln. »Dat konnte ich ja nich zulassen, dat geht einfach nich«, sagt er kopfschüttelnd, »is viel zu gefährlich, ein Kind so nah an ein Nashorn ranzulassen.« Um dem Pressemann die schlechtgelaunte Tagesform der Tiere zu demonstrieren, ging er selbst zu den Tieren ins Innengehege. »Nashorn is' immer ein Stück weit unberechenbar, und just an dem Tag hatten sie gerade Ehestreit gehabt die beiden, das heißt also sie waren aggressiv untereinander, die Aggressivität überträgt sich dann auch uns gegenüber«, erzählt Peter. »Ich hab die Tür aufgemacht, die Eisentüre war hinter mir, der Bulle kam an, der war friedlich, die Kuh kam an, hat einmal den Bullen angeschnaubt, der Bulle ist weggegangen und auf einmal ist die dann vorgestoßen, hat mich zwischen die Beine erwischt und bumm! hochgehoben und mich an der Eisentüre praktisch hängen gelassen.«

Der Revierleiter musste eigenständig vom Horn des gepanzerten Drei-Tonnen-Tieres herunter steigen. Um den heftigen Schmerz durfte er sich nicht kümmern, viel wichtiger war, erst einmal aus dem Gehege heraus zu kommen. Geistesgegenwärtig erinnerte er sich an einen antrainierten Trick, um die aufgebrachten Riesen zur Raison zu bringen: Er berührte die Nashornkuh am empfindlichen Ohr und gab ihr mit fester Stimme das Kommando, zurück zu gehen. Tatsächlich machte Nongoma einige Schritte rückwärts und der Revierleiter konnte aus dem Stall treten und die Eisentür hinter sich schließen.

»Zwischen meinen Beinen war zwar alles grün und blau – aber so ist das nun mal: Kräfteverhältnis zwischen Pfleger und Nashorn hömma, wie dat endet, dat is ganz klar«, lacht Peter. Er ist sich bis heute sicher, dass Nongoma ihn bloß zu recht weisen wollte. »Das war kein Erlebnis der Sorte ›Boaah, die hat mich fast getötet‹«, erklärt er, »dat war nur ma' so 'ne kleine Warnung unter Artgenossen, so nach dem Motto: misch Dich hier nicht ein. Würde ein Nashorn einen töten wollen, würde es nicht aufhören; das fängt dann links und rechts an zu schlagen und da wird der Körper aufgerieben. Nongoma hat mich nur einmal gehauen und dat waret dann.«

Peter hat der Nashornkuh nichts übel genommen. Und auch Nongoma lässt sich nach wie vor gerne von ihrem Revierleiter kraulen. So ist das halt im Afrikanum: Man redet nicht lange um den heißen Brei herum, sondern sagt, was Sache ist.

»Ich mag einfach keine Vögel. Ein Tier muss vier Beine haben.«

Auch Graupapageien stammen aus Afrika

Graue Riesen der Urzeit

Schon vor rund sechzig Millionen Jahren stapften die ersten Nashörner über die Erde. In der Blüte ihrer Entwicklung gab es mehr als 30 verschiedene Arten auf unserem Planeten, heute sind es nur noch fünf: Panzernashörner *(Rhinoceros unicornis)*, Javanashörner *(Rhinoceros sondaicus)* und Sumatranashörner *(Dicerorhinis sumatrensis)* in Asien; Spitzmaulnashörner *(Diceros bicornis)* und Breitmaulnashörner *(Ceratotherium simum)* in Afrika. Und immer noch werden sie unerbittlich gejagt. Doch im Gegensatz zu den Urzeitmenschen töten die Jäger von heute nicht um sich zu ernähren, sondern allein wegen des Horns, das den Tieren ihren Namen gab. Die Gier nach ihrem Markenzeichen hat alle Nashornarten an den Rand der Ausrottung gebracht. Besonders tragisch verlief die Geschichte der Breitmaulnashörner.

Nach den afrikanischen und asiatischen Elefanten sind Breitmaulnashörner die drittgrößten, lebenden Landsäugetiere. Ausgewachsene Bullen erreichen eine Länge von vier Metern bei einer Schulterhöhe von fast zwei Metern und ein Gewicht von weit mehr als drei Tonnen. Innerhalb der Art wird zwischen Nördlichen und Südlichen Breitmaulnashörnern unterschieden. Im Jahre 1817 berichtete ein britischer Forscher zum ersten Mal von den behörnten Riesen der afrikanischen Steppe. Damals kamen Südliche Breitmaulnashörner von Sambia bis nach Südafrika vor; ihr Verbreitungsgebiet reichte von Mozambique im Osten bis Angola im Westen. Doch die fortschreitende Kolonialisierung des schwarzen Kontinents wurde den Nashörnern zum Verhängnis. Bereits 1892 galt das südliche Breitmaulnashorn in Folge übermäßiger Bejagung als vom Menschen ausgerottet. Glücklicherweise irrten die Forscher der damaligen Zeit. Denn drei Jahre später entdeckte man in der südafrikanischen Provinz Natal eine kleine Population von kaum einem Dutzend Tieren im Tal des Umfolozi-Flusses. Von diesen Exemplaren stammen alle Südlichen Breitmaulnashörner unserer Zeit ab. Im gleichen Jahr noch wurde dieses Gebiet zum Reservat erklärt, dem ersten Naturschutzgebiet Afrikas überhaupt. Inzwischen leben wieder mehr als 11.000 Südliche Breitmaulnashörner auf der Erde, die meisten in südafrikanischen Nationalparks und Reservaten.

Die nördlichen Verwandten der Breitmaulnashörner hatten weniger Glück. 1983 lebten weniger als 50 Nördliche Breitmaulnashörner in Afrika. 2002 ergab eine Zählung noch 27 Exemplare, aber aufgrund von Wilderei und Bürgerkrieg überlebten in der Wildnis bis zum Jahr 2006 nur eine Handvoll. In Zoologischen Gärten existieren weltweit nur noch zehn Tiere dieser Unterart, darunter nur zwei befruchtungsfähige Weibchen. Damit gilt das Nördliche Breitmaulnashorn als das seltenste Säugetier der Welt. Ein wahrhaft trauriger Rekord!

Auch die asiatischen Nashornarten sind nach wie vor stark gefährdet. Weniger als 2000 Panzernashörner leben noch in Indien und Nepal; vom Sumatra-Nashorn existieren nur noch knapp 400 Exemplare und die Population der Java-Nashörner ist auf weniger als 100 Tiere gefallen. Zur Rettung der so stark bedrohten Nashörner werden immer neue Wege beschritten. Im Jahr 2007 ließ ein spektakuläres Experiment einen Hoffnungsschimmer auf die so düster wirkende Zukunft der Breitmaulnashörner fallen: Im Zoo Budapest gelang es einem Experten-Team des Berliner Instituts für Wildtierforschung, eine Südliche Breitmaulnashornkuh mit dem Samen eines Bullen aus Großbritannien künstlich zu befruchten. Wenn alles gut geht, wird der jüngste Spross jener uralten Familie im November 2008 zur Welt kommen.

Kleine Perlen

Revierleiter Mario Chindemi beim wöchentlichen Koala-Wiegen

Der Lachende Hans hat sein Ziel erspäht. Prüfend legt er den blau gefiederten Kopf zur Seite, die Augen fest auf das Opfer gerichtet. Einen Moment wartet er noch, die Beine schon zum Abflug gestreckt. Dann stürzt er sich pfeilschnell vom Dachgebälk des Baumkänguru-Geheges herunter auf den arglosen Tierpfleger und stößt mit seinem langen Schnabel nach der menschlichen Hand. »Au, Du Blödmann«, flucht Mario Chindemi und blickt den wild gewordenen Flattermann verständnislos an, »immer kommste feige von hinten angeflogen.« Dann grinst Mario und verrät, warum ihn das Männchen dieser Eisvogelart regelmäßig attackiert. »Ich hab damals die Eier seines ersten Geleges geklaut, um sie zu untersuchen«, sagt er, »ich hab sie zwar gleich wieder zurück gebracht, aber er hat sich mein Gesicht genau gemerkt.«

Der heimtückische Vogel ist mit großer Wahrscheinlichkeit das einzige Lebewesen im Duisburger Zoo, das Mario Chindemi nicht leiden kann. Alle anderen Tiere und Menschen schätzen den quirligen Italiener als Kollegen und Pfleger.

Ein anderer Beruf wäre für Mario nie in Frage gekommen. Schon als kleiner Junge ließ er stolz seine gesammelten Molche und Frösche über die heimische Kaffeetafel laufen. »Da sind die Tiere zwischen den Tellern rumgehüpft, gekrabbelt und geflutscht«, erzählt er laut lachend, »die ganze Bude am Schreien und die Viecher in jeder Ecke. Das erzählen die Verwandten heute noch und sagen: es war ganz klar, dass der Idiot was mit Tieren macht«. Als Marios Onkel, Peter Dieckmann, seine Lehre im Duisburger Zoo absolvierte, nahm er seinen kleinen Neffen regelmäßig mit zu den wilden Tieren. »Diese raue, aber herzliche Art – das hat mich geprägt und dann war klar: Ich muss hier hin.« Peter ist seit langem Revierleiter des Duisburger Afrikanums; Mario leitet das Australien- und Südamerikarevier. In seinem ganzen Leben hat der 42-Jährige nur eine einzige Bewerbung abgegeben

»Auf einmal macht das Boing und da lag der Kleine.«

Ein Lachender Hans im Koalarevier

– im Duisburger Zoo. Heute kümmert er sich um Wombats, Kängurus und vor allem Koalas – Tiere, die bis 1994 in deutschen Zoos aufgrund der komplexen Futterlogistik als nicht haltbar angesehen wurden. Der Duisburger Zoo stellte sich damals der Herausforderung und baute den australischen Beuteltieren ein neues Heim nach modernsten Erkenntnissen. Ein Luftfahrtkonzern übernahm den regelmäßigen Eukalyptustransport aus Florida.

»Das war ein sehr gutes Konzept von Anfang an, dieses Haus ist optimal, auch heute noch«, schwärmt Mario, »weder in europäischen noch in amerikanischen Zoos sieht man ein Haus dieser Größe und mit dieser Technik bei der Koala-Haltung. Das gibt's nur bei uns.« Vor der Duisburger Initiative wurden Koalas in fast sterilen Betonräumen gehalten, um die sensiblen Tiere vor Infektionen zu schützen. Flache Bauten sollten verhindern, dass sich Jungtiere bei Stürzen verletzen. Die Duisburger Pfleger stellten das gesamte Haltungskonzept in Frage und versuchten, die Koala-Anlage so genau wie möglich dem natürlichen Lebensraum der Tiere anzupassen.

»In der Natur, da sitzen die in den obersten Etagen, haben noch Blätter über'm Kopf«, erklärt der Revierleiter, »wie sollen die sich denn wohl fühlen, wenn die wie auf dem Präsentierteller auf einem einzelnen Ast sitzen«. Die Tierpfleger statteten das fünf Meter hohe Koalahaus mit echten Bäumen aus, und verbargen die Wände hinter ausgesuchten Schlingpflanzen. »Jetzt sitzen die schon mal in 3 bis 3,50 Meter Höhe. Als Pfleger brauchen wir da auch mal 'ne Trittleiter – das ist zwar wackelig und für uns unbequem«, meinte Mario, »aber die Zuchterfolge sind sprunghaft gestiegen und das Verhalten der Tiere hat sich unglaublich verbessert – uns gegenüber und untereinander.«

Noch immer fielen jedoch Jungtiere bei ihren ersten Kletterversuchen aus den Bäumen. Auch in der Natur machen kleine Koalas diese schmerzhaften Erfahrungen. Nur fallen sie dort nicht auf harten Beton, sondern auf weichen Waldboden. Verschiedene Lösungen wurden in Duisburg diskutiert und verworfen: Mutterboden wie in der Natur schied wegen schlechter Reinigungsmöglichkeiten und daraus resultierender Infektionsgefahr von vornherein aus. Den Versuch, getrocknete Eukalyptusblätter als Bodenbelag zu nutzen, brachen die Duisburger Pfleger nach kürzester Zeit ab: Das ständige Rascheln und Knacken der Blätter sorgte für konstante Unruhe bei den Tieren. Schließlich hatten Mario und Kollegen die entscheidende Idee.

Das Duisburger Koalahaus mit seinen über 3 Meter hohen Bäumen ist weltweit Vorbild

> »Wir sind der Entspannt-Macher im Zoo.«

»Wir haben grünen Kunstrasen ausgelegt, mit Gumminoppen an der Unterseite – sieht wie echter Rasen aus und ist erheblich weicher als der nackte Boden.« Schon kurze Zeit später bewährte sich die Maßnahme. Während Mario im Gehege stand, fiel direkt neben ihm ein Koalababy vom Ast. »Auf einmal macht das Boing und da lag der Kleine – mir ist das Herz in die Hose gerutscht«, erzählt Mario und die Erinnerung allein scheint ihm einen neuerlichen Schauer zu versetzen. »Aber er hat sich bloß umgedreht, mich kurz angeguckt, hat sich geschüttelt und ist nach oben zu seiner Mama geklettert – vollkommen unverletzt.« Inzwischen haben andere Zoos den Duisburger Trick erfolgreich kopiert.

Das Koalahaus entwickelte sich zum Besuchermagneten und zu einem wichtigen Standbein des Duisburger Zoos. »Wir können leider nicht mit diesen Riesen-Zoos mithalten, die Millionen investieren und gigantische Freianlagen bauen«, gibt Mario zu bedenken, »dafür haben wir kein Geld, dafür ist der Platz zu klein. Aber wir haben mit der Koalazucht und zum Beispiel dem Delfinarium unsere kleinen Perlen in Duisburg. Das macht unseren Zoo für die Besucher so interessant – und für uns Pfleger sowieso.« Trotzdem verblüfft es Mario, dass die Besucher gerade bei den gemütlichen Koalas so gerne verweilen. Denn im Gegensatz zu aktiveren Tieren wie zum Beispiel Affen bewegen sich Koalas extrem wenig. »Wir haben festgestellt, dass die Leute genau das an diesen Tieren fasziniert«, schmunzelt der erfahrene Revierleiter, »teilweise sitzen Besucher stundenlang in der Halle und sehen schlafenden Koalas zu.« Die Ruhe der Tiere scheint auf die Bobachter abzufärben. »Wir sind der Entspannt-Macher im Zoo«, sagt Mario.

Mittlerweile haben die Duisburger Koalahüter so viel über die Lebensweise der niedlichen Eukalyptusfresser herausgefunden, dass sie so manche wissenschaftliche Theorie widerlegen konnten. »Koalas galten immer als total unsozial, als typische Einzelgänger«, erzählt Mario, »wir wissen inzwischen, dass sie innerhalb einer festen Sozialstruktur leben. Außerdem konnten wir nachweisen, dass es für Jungtiere extrem wichtig ist, lange bei der Mutter zu bleiben.« Mario und seine Kollegen fanden heraus, dass junge Koalas die nächste Geburt des Muttertieres genau beobachten und so das Wissen von Generation zu Generation weitergegeben wird. »Die Jungen schauen sogar beim Säugen der Babys zu und versuchen selber noch, Milch zu klauen. Weil die Tiere so hoch in den Bäumen leben, lassen sich solche Dinge in der

Koalas ruhen etwa 20 Stunden am Tag

Natur nur schwer beobachten. Das geht fast nur im Zoo.« Trotz aller Erfolge in der Koalahaltung – Marios Liebling ist ein anderes Tier: Der berüchtigte ›Killer‹-Wombat Boney. »Der hat 'nen Charakter, der so nach Duisburg passt wie die Faust aufs Auge«, lacht Mario, »der lässt sich nicht dahin schieben, wo er nicht hin will, und wenn, dann beißt er und dann kreischt er und anschließend isser dann wieder ruhig.« Viele Male konnte sich der Revierleiter nur rennend oder Besenstiele opfernd vor Boney in Sicherheit bringen. In Zukunft will Mario versuchen, die ungewöhnliche Beziehung zwischen Wombat und Pfleger zu vertiefen. »Ich werde demnächst mal mit hohen Stiefeln austesten, ob er mir immer noch die Schienbeine zerhauen will«, verrät er mit diebischem Grinsen, »vielleicht bleibt er ja verdutzt vor mir stehen und denkt sich: Was ist denn jetzt los? Der rennt ja gar nicht mehr weg!«

Vom Pelzlieferanten zum nationalen Symbol

Vor Millionen Jahren begann in Australien eine Spezies Eukalyptusblätter zu fressen, eine Nahrung die alle anderen verschmähten. Zuerst mag die giftige Pflanze noch nicht recht gemundet haben, aber über die Zeitalter gewöhnten sich die Tiere an die außergewöhnliche Kost und entwickelten sich zu absoluten Futterspezialisten. Heute bilden diese Tiere die einzige Art unseres Planeten, die sich ausschließlich von Eukalyptus ernährt: die Koalas.

Bis zu ein Kilogramm Eukalyptus täglich verputzen die grauen Baumbewohner und das müssen sie auch: Denn die toxische Pflanzennahrung ist nicht nur schwer verdaulich, sondern noch nicht ein mal besonders energiereich. Koalas müssen deshalb große Mengen Eukalyptus zu sich nehmen und den Blättern außerdem so viele Nährstoffe (Zucker, Stärke, Eiweiß und Fett) entziehen wie möglich. Das dauert.

Aber die pelzigen Beuteltiere lassen ihrem Stoffwechsel Zeit. Mit durchschnittlich 20 Ruhestunden am Tag führen sie die Rangliste der ausgeschlafensten Tiere an. Selbst Faultiere schlafen täglich gut zwei Stunden weniger. Ihre Spezialisierung bewahrt Koalas vor Futterstreitigkeiten mit anderen Bewohnern ihres Lebensraumes. Doch die Gemütlichkeit, sozusagen die Kehrseite ihrer besonderen Fähigkeiten, wäre den Koalas fast zum Verhängnis geworden.

Schon die Aborigines, die Ureinwohner Australiens, schätzten Koalas als Fleischlieferanten, weil sie leicht zu fangen waren. Schon kurz nach ihrer Ankunft auf dem fünften Kontinent im Jahre 1788 hatten sich die ersten europäischen Siedler die Jagdmethoden der Aborigines abgeschaut.

Nachdem die Europäer darüber hinaus entdeckten, dass Koalapelze auf dem Weltmarkt bares Geld wert waren, gab es kein Halten mehr. Zu Hunderttausenden wurden die harmlosen Pflanzenfresser abgeschlachtet. Mit fortschreitender Entwicklung der britischen Kolonie beanspruchte der Mensch außerdem immer mehr Land und natürliche Rohstoffe. Große Waldgebiete wurden gerodet, Straßen und Siedlungen gebaut; schneller und schneller schwand der Lebensraum der einheimischen Tier- und Pflanzenwelt.

Im Jahre 1919 entschloss sich die Regierung zu einem halbjährlichen Fangverbot für Koalas. Nachdem in den verbleibenden sechs Monaten mehr als eine Million Koalas getötet wurden, verbot man die Jagd auf Koalas dauerhaft. Doch bereits im Jahr 1927 rief man eine neue Jagdsaison aus. Diesmal starben innerhalb des ersten Monats mehr als 800.000 Tiere – zu viel für die empörte Bevölkerung. Nach anhaltenden Protesten setzte man die Jagd aus und erklärte Ende der 1930er Jahre Koalas schließlich zur geschützten Art.

Seitdem ist das Ansehen der flauschigen Spezialisten enorm gestiegen. Rapide entwickelten sie sich vom Fleisch- und Pelzlieferanten zu einem Nationaltier Australiens. Ihre Niedlichkeit ließ sie in der Gunst des Publikums sogar die Kängurus überflügeln, die von je her die Tierwelt des fünften Kontinents verkörpern. Leider zeigten die Menschen vor dem Lebensraum der Koalas weniger Achtung. Seit der europäischen Besiedlung verschwanden gut 100 Millionen Hektar Wald zugunsten von Landwirtschaft und Städtebau. Schätzungen zufolge existieren nur noch 44 Prozent der ursprünglichen Eukalyptuswälder. Ein Ende der Zerstörung ist nicht abzusehen. Der Bestand der Koalas ist von ehemals mehreren Millionen Tieren auf kaum mehr als 100.000 Exemplare geschrumpft. Doch immerhin haben es die Eukalyptus-Spezialisten geschafft, als weltweites Symbol für Friedlichkeit und Umweltschutz in die Köpfe der Menschen zu klettern.

Flucht von Alcatraz

Schon beim ersten Dreh der Ruhrpott-Schnauzen im Südamerikahaus gab es eine klare und unmissverständliche Ansage des Tierpflegers. »Ich heiß Siggi. Nich Siegfried oder so – Siggi. Und wenn da im Fernsehen so der Name eingeblendet wird, dann bitte auch Siggi, nix anderes«, bat Siegfried – Verzeihung – Siggi Lippmann. Siggi ist nach Revierleiter Mario Chindemi der zweite Mann im Australien- und Südamerika-Revier. Aber die beiden Tierpflegerkollegen sehen sich nicht als Chef und Untergebener – sie sind dicke Kumpels. Jeder Tag mit dem dynamischen Duo wurde zum Spaß für die Fernsehteams – egal wie anstrengend der Dreh auch sein mochte. Die ganz normale Scheu, vor der Kamera zu agieren, war beiden völlig fremd. »Nervös war ich nicht«, sagt Siggi selbstbewusst, »wir ham ja nun auch vorher schon TV-Erfahrung gesammelt und ich mach mir nix draus, wenn ich mal mit der Klappe aufs Maul falle.«

Siggi Lippmann demonstriert den klassischen Koala-Tragegriff

Die beiden haben das Revier brüderlich untereinander aufgeteilt – zumindest theoretisch: Mario kümmert sich hauptsächlich um das Koalahaus, Siggi pflegt das Südamerikahaus und seine Bewohner. In der Praxis lässt sich eine solche Trennung natürlich nicht durchhalten und deshalb trifft man Siggi an diesem Tag in der Küche hinter den Koalaställen an. Umgeben von unzähligen Sträußen frischer grüner Pflanzenzweige. Es riecht wie im Inneren eines Hustenbonbons. »Das ist die wöchentliche Eukalyptuslieferung«, keucht Siggi, während er ein riesiges Pflanzenbündel in den Küchenvorraum hievt. »Dat Zeug kommt direkt aus Florida hierher; 16 verschiedene Sorten. Unsere Koalas sind ja echte Feinschmecker – die fressen nicht jeden Tag das Gleiche.« Fein säuberlich legt der 48-Jährige die einzelnen Eukalyptussorten in jeweils einen Haufen zusammen. Plötzlich blitzt eine winzige Bewegung zwischen den Zweigen auf. Siggi hat es auch gesehen. »Vorsicht, nicht bewegen«, sagt der Tierpfleger, geht langsam in die Knie und stöhnt auf. »Oh Mann, dat is pures Gift für meine alten Knochen«, seufzt er, »aber ich glaub

> *»Unsere Koalas sind ja echte Feinschmecker – die fressen nicht jeden Tag das Gleiche.«*

da hab ich 'nen blinden Passagier aus Amerika gesehen.« Vorsichtig schiebt er die Blätter vor seinen Füssen auseinander. Dann lässt er mit geübtem Griff Daumen und Zeigefinger seiner rechten Hand zuschnappen. Und hält plötzlich eine höchstens sechs Zentimeter lange grüne Echse mit rötlichem Bauch in der Hand. »Hab ich Dich«, frohlockt der Tierpfleger und betrachtet das kleine Reptil neugierig. »Sieht aus wie 'ne Anolis-Art.« Siggi Lippmann hat Erfahrung mit solch lebenden Gratisbeigaben im teuren Importfutter. Regelmäßig werden Eidechsen, Insekten oder Spinnen versehentlich bei der Ernte in Florida mit eingepackt. Und tauchen dann mehr oder weniger plötzlich im Ruhrgebiet wieder auf.

Nicht immer sind solche Begegnungen bloß interessant. »Ich bin mal von einer Spinne gebissen worden, also das hat auch schon reichlich heftig wehgetan«, erzählt Siggi, »das entzündete sich dann auch gleich ringsrum und ich hatte innerhalb von Minuten den ganzen Arm voller Pusteln. Das war so 'ne ganz kleine Spinne, nicht viel größer als mein Daumennagel, aber leuchtend orange-rot gefärbt. Solche Leuchtfarben bedeuten in der Natur oft nix Gutes, dat heißt meistens für alle: Ich bin verdammt giftig, hier müsst ihr vorsichtig sein. Wär' ich ja auch gewesen – ich hab se nur leider viel zu spät gesehen.« Siggi verstaut das kleine reiselustige Reptil zunächst in einer mit Luftlöchern versehenen Plastikbox und kümmert sich dann wieder um den Eukalyptus. Nachdem er die Äste sortiert hat, verstaut er die Wochenration in den großen Wassereimern der hauseigenen Kühlkammer. So bleibt die Lieblingsnahrung der Koalas schön frisch.

Seit Beginn seiner Ausbildung im September 1974 arbeitet Siggi Lippmann im Duisburger Zoo. Warum er Tierpfleger werden wollte, weiß er nicht. Aber ein anderer Beruf wäre nie in Frage gekommen. »Das ist ein bisschen schwierig nachzuvollziehen.« Siggi runzelt die Stirn. »Tiere zu Hause hatte ich so gut wie keine, ich hab mal 'nen Hund gehabt, das war aber auch alles. Vielleicht hängt das damit zusammen: Wir haben in Hessen auf dem Land Verwandte, die Nutztiere hielten, aber ich glaub' nicht, dass mich das sooo entscheidend geprägt hat. Für mich gab's halt nur eins: Ich werde Tierpfleger und damit hat sich die Sache. Das wusste ich schon immer.« Nach der Ausbildung arbeitete er wie so viele Kollegen erst einmal als Springer und war danach mehr als ein Jahr im Elefantenhaus tätig. Doch dann baute Siggi, wie er es ausdrückt, »privaten Bockmist, der nichts mit Tieren oder dem Zoo

Koalas suchen sich stets die zartesten Eukalyptustriebe aus

zu tun hatte«. Die Folge: eine Strafversetzung ins Affenhaus. »Andere hätten sich darüber gefreut – für mich war das tatsächlich eine Strafe«, erzählt Siggi ernst. »Ich bin zwar Tierpfleger und hab die Affen so zu versorgen wie alle anderen Tiere auch, aber ich persönlich mag sie nicht. Und noch dazu hieß das Ding damals intern nicht Affenhaus sondern Alcatraz.« Wie dieser böse Name zustande kam, möchte der kräftige Tierpfleger nicht erzählen. Höflich schweigt er auf die Frage, offensichtlich froh, die schwierigen Zeiten über-

»Ich bin verdammt giftig, hier müsst ihr vorsichtig sein.«

standen zu haben und sagt nur: »Diese Zeiten sind vorbei und wir haben alle daraus gelernt.« Nach einem Jahr wechselte der Revierleiter im Affenhaus. Gleichzeitig fingen dort zwei neue Kollegen an. «Wahrscheinlich wäre ich sonst da versauert, bis ich gekündigt hätte«, meint Siggi ernst, »aber dann war urplötzlich einer zu viel da drin. Und der eine zu viel – das war mein Glück – das war ich und ich bin dann da raus gekommen.«

Inzwischen ist Siggi zum Südamerikahaus hinüber gegangen. Tapir-Dame Brigitte ist hochschwanger und der Tierpfleger sieht regelmäßig nach, ob alles o.k. ist. Kaum hat er das Haus betreten, ertönt auch schon ein freundliches Grunzen aus dem Stall. »Hallo Mädel«, begrüßt Siggi die werdende Mutter, »alles fit bei Dir?« Ein weiteres Grunzen, ein kurzes Fiepen – jawoll, Brigitte geht es gut. Zeit, den Rest der Sippe für die Nacht in den Stall zu holen. Der Tierpfleger öffnet die Stalltür zum Außengehege und ruft. »Alfonso, Heinz-Dieter – genug gespielt, kommt rein ihr Racker.« Und schon traben die freundlichen Rüsselträger ins Haus. Siggi feixt. »Das geht bei mir und Mario schon ein bisschen schneller als bei anderen Kollegen. Der Schließdienst braucht manchmal Stunden bis die Jungs reinkommen.«

Siggi mag alle seine Schützlinge und will nicht einzelne Arten oder gar Exemplare hervorheben. Logisch, dass er nie ein Tier bevorzugen oder gar ein anderes vernachlässigen würde – wie es sich für einen guten Tierpfleger gehört. Aber er schätzt es schon, wenn Tiere einen besonderen Charakter zeigen. Wie seine Tapire; wie Boney, der Killer-Wombat, oder wie der Lachende Hans im Känguruh-Gehege, jener Vogel, der immer nur den werten Kollegen Chindemi attackiert. »Dat is echt der Knaller«, lacht Siggi, »der hat es voll auf den Mario abgesehen. Auch wenn ich zwei Zentimeter neben dem Kollegen stehe – der tut mir gar nix, aber Mario will er immer gleich auffressen.«

Zurück im Koalahaus schnappt sich Siggi die Schachtel mit der Florida-Echse. Auf dem Weg zum Wirtschaftshof will er noch schnell im Rio Negro vorbeischauen und fragen, ob die Kollegen dort den flinken Neuzugang als natürlichen Insektenfänger gebrauchen können. »Ich glaub nicht, dass der noch viel größer wird«, meint der Tierpfleger mit prüfendem Blick auf das kleine Reptil, »die Zuschauer werden den kaum entdecken. Aber vom Klima her ist die Tropenhalle genau sein Ding – da fühlt er sich bestimmt wohl. Und das ist doch die Hauptsache, ne?«

Einer der seltenen Nacktnasenwombats

Boney, die Kiste und ich

Mein aufregendster Dreh im Duisburger Zoo? Die Tigeroperation? Die Giraffennarkose? Der Transport von Gorilla Safiri? Pah, das ist alles nichts gegen Mario Chindemis Kuppelversuche bei den Wombats!

In ganz Europa leben nur neun dieser australischen Beuteltiere, die so kuschelig aussehen, wie sie bissig sind. Fünf von ihnen wohnen in Duisburg. Seit 1975 hat es hier aber keine Babys mehr gegeben. Viel zu lange, findet Revierleiter Mario Chindemi und versucht sich seitdem als Amor. In diesem Fall sollen Boney und Roxy verkuppelt werden. Laut Mario ist es bislang noch niemandem gelungen, bewegte Bilder von kopulierenden Wombats zu drehen. Deswegen sind nicht nur wir wild auf das Material, sondern auch das Pflegerteam. Das Duisburger Liebesnest ist für Filmaufnahmen aber denkbar ungeeignet.

Kameramann Jochen Blum sucht Schutz in der Kiste

Ein erster Drehversuch hat sich als schwierig erwiesen: funzeliges Licht, ein schlecht einsehbarer Stall und der Pflegergang viel zu weit weg vom Geschehen. Deswegen wird die Aktion nun generalstabsmäßig geplant: leichte Umbauarbeiten am Stall sollen für den zweiten Versuch eine gute Sicht garantieren. Eine meterhohe Tiertransportkiste soll mich im Stallinneren vor Boney schützen. Denn der Liebhaber in spe ist der bissigste und aggressivste Wombat des Zoos, ja, höchstwahrscheinlich ganz Europas.

Wir teilen uns auf: Mario, der Tonmann und die Redakteurin, vor Boney sicher geschützt, hinter der Stalltür; ich in der Kiste mittendrin. Das Häuschen, in dem sich alles abspielen soll, steht direkt in meinem Blickfeld. Drinnen sitzt Roxy. Die Kamera läuft, es kann losgehen. Ein letztes diabolisches Grinsen von Mario, dann zieht er den Schieber. »Komm, Boney, komm!«

Und wie er kommt: fauchend und zitternd vor Wut und Erregung. Roxy faucht zurück. Ein Höllenlärm. Der Liebeswütige tobt sich erst mal an meiner Kiste aus. Kratzt, faucht, springt hoch und versucht mich irgendwie

Der »Killer-Wombat«

zu fassen. Die Transportbox hätte keinen Millimeter kleiner sein dürfen. Hektisch rennt Boney wieder Richtung Roxy. Die schreit ununterbrochen. Kurzzeitig scheint »der Killer« sich nicht sicher zu sein, was ihm wichtiger ist: Roxy oder der komische Kerl in der Kiste. Er entscheidet sich für den Arterhalt. Das Werben um die Angebetete beginnt.

Dass Wombats keinen Kuschelsex haben, wusste ich schon vom ersten Versuch. Aber die Wucht der Leidenschaft hat uns dennoch überrascht. Mit aller Gewalt versucht das schmächtige, aber wilde Männchen (ca. 37 kg) sich zur dicken Roxy (ca. 45 kg) in die Hütte zu zwängen. Kopfnüsse werden verteilt, Tritte und Bisse. Wie Kampfhunde gehen sie aufeinander los. Boney hat mittlerweile einen Cut am Auge, der ihn nur noch rasender zu machen scheint. Roxy blutet deutlich an der Seite.

Nach gut einer halben Stunde verlässt sie schließlich ihre Hütte und rennt aus dem Stall in einen Vorraum. Boney hinterher. Ich sitze fest in meiner Kiste. Zum Glück kommen die zwei wieder und das Spiel wiederholt sich: Boney will rein, Roxy lässt ihn nicht. Schließlich rennt das Liebespaar wieder in den Vorraum und verweilt auffallend lange dort ... Mario huscht um die Türe ... guckt ... ist aber auch zu spät! Beide Tiere liegen auf der Seite. Völlig erschöpft. Kein Laut ist mehr zu hören. Ob sie sich verpaart haben? Angeblich dauert das bei Wildtieren manchmal ja nur Sekunden. Oder sind sie einfach nur erschöpft?

Bis heute weiß keiner, ob es damals zum Äußersten gekommen ist. Für Wombatbabys hat die Treibjagd zwar nicht gesorgt, wohl aber für meinen aufregendsten Dreh im Zoo Duisburg.

Jochen Blum, Kameramann

Besonders handliche Tiere

Reviertierpfleger Helmut Törkel ist ein umgänglicher Mensch, freundlich, zuvorkommend und fast immer zu einem Scherz aufgelegt. Fast. An diesem nassen Novembermorgen hat Helmut schlechte Laune. Trotz wärmender Jacke kriecht die Kälte in seine Knochen. »Nee, da hätte ich lieber 10 Grad minus und trocken als den dauernden Nieselregen hier«, flucht er, stapft in den Stall neben dem großen Robbenbecken und knipst das Licht an. Die Seelöwen im Inneren sehen ihn an wie eine Horde verkaterter Teenager, die zum Sonntagsfrühstück mit Verwandten gezwungen werden. »Is' ja schon gut, ich komm mit dem Frühstück wieder. Verpennte Bande.« Helmut macht das Licht wieder aus und geht in die Futterküche des Robbenreviers. Er lächelt auch schon wieder. »Die Tiere heitern mich immer wieder auf«, freut er sich.

Helmut Törkel und Yvona Brand mit ihren Seelöwen

Als kleiner Junge wollte Helmut Reitlehrer werden. Als Jugendlicher träumte er davon, als Starkstromelektriker Überlandleitungen zu verlegen. Nur auf Tierpfleger wäre er selbst nie gekommen. Bis seine Mutter ihrem 13-jährigen Sohn ein Praktikum in der Afrika-Anlage des Zoos besorgte. »Dann ging alles ganz schnell«, erinnert sich Helmut, »der damalige Direktor bot mir eine Lehrstelle an und plötzlich war ich Auszubildender in der Tierpflege.« Das war 1972. Normalerweise verbringen die Azubis drei Monate in jedem Revier. Doch eines Tages fragte ihn der Zoo-Inspektor, ob er schwimmen könne. Und tauchen. »Ich dachte: so'n Blödsinn – wer schwimmen kann, kann auch tauchen – ich wusste ja gar nicht, was der von mir wollte«, lacht Helmut, »und dann sacht der: Törkel, ab morgen Delfinarium.« Eine hohe Ehre für den jungen Lehrling: die wenige Jahre zuvor errichtete Halle für große Tümmler war die erste in ganz Europa. Helmut verbrachte fast seine ganze Ausbildung dort. In den Wintermonaten, wenn keine Vorführungen statt fanden, durchlief er die anderen Stationen des Zoos im Schnelldurchlauf. Doch nach seiner Prüfung wechselte er ins Robbenrevier.

»Seelöwen sind so schön handlich.«

In diesen Jahren bewohnte eine sehr gemischte Gruppe das große Schwimmbecken am Kaiserberg. »Wir hielten damals vier Paare verschiedener Arten: kalifornische und patagonische Seelöwen, südamerikanische und südafrikanische Seebären. Alles hier in dem einen Becken«, berichtet Helmut stolz. »Und natürlich Moritz, unseren See-Elefanten.« Schnell begeisterten die lebhaften Tiere den jungen Tierpfleger. »Ihre Wendigkeit unter Wasser ist phänomenal«, schwärmt Helmut, »und die tun einem nichts: Auch wenn ich die Robben im Rücken habe, muss ich keine Angst haben, dass sie mir gleich an die Wäsche gehen.« Jede Säuberung des Beckens musste in konzertierter Aktion ablaufen. »Da mussten wir mit 10, 15 Mann in die Wanne rein, mit großen Schiebern und immer auf den patagonischen Seelöwenbullen aufpassen – der hatte um die 400, 450 Kilo damals und mochte es gar nicht, in den Stall bugsiert zu werden.« Einzig See-Elefant Moritz kam stets auf Zuruf ins Haus. Die Pfleger mussten mit dem Koloss allerdings eine spezielle Taktik entwickeln, damit der 4 Meter 30 große und fast drei Tonnen schwere Brocken überhaupt durch die Stalltür passte. »Zuerst mit dem Kopp rein und dann die eine Flosse durchziehen, dann die andere Flosse und dann kam der Rest irgendwie hinterher«, schmunzelt Helmut.

Bald erkannten die Pfleger, dass die bunte Robbenmischung Zuchterfolge nahezu unmöglich machte. Zu unterschiedlich waren die Brunft- und Paarungszeiten der verschiedenen Arten. Zoo- und Revierleitung entschieden sich, eine homogene Gruppe kalifornischer Seelöwen aufzubauen. Der Abschied von Moritz fiel Helmut besonders schwer, auch wenn er die Entscheidung, nur noch eine Spezies zu halten, unterstützte. »Das hat sich auch bewährt. So viel Junge wie wir mittlerweile hatten, wir sind ja froh, wenn wir mal eine Nullrunde – so wie jetzt – fahren. Damit sie auch mal ein Jahr entspannen können.« Auch in der Natur werden weibliche Seelöwen häufig kurz nach der Geburt wieder begattet. Weil die Tragzeit dieser kalifornischen Ohrenrobben zwölf Monate beträgt, sind die Damen fast das ganze Jahr schwanger. Da tut ein Jahr ohne Nachwuchs tatsächlich Tieren und Pflegern gut.

Seelöwenbulle Pit und sein Harem – Maja, Katja, Sunny, Nixe und Evi – haben die schlanken, schwarzen Hälse reckend einen Halbkreis um ihren Revierchef gebildet. Inzwischen warten fast alle ruhig, bis Helmut ihnen einen Fisch zuwirft. Nur Katja, die Handaufzucht der Gruppe, versucht un-

Die Seelöwen warten auf ihre Pfleger

Seelöwen begeistern durch ihre eleganten Bewegungen

geduldig immer wieder ihren Kopf in den Fischeimer zu stoßen. »Nix gibt's!« – Helmut kennt diesen Trick nur zu gut und zieht den Eimer mühelos rechtzeitig weg.

Der Fisch ist verteilt, die Seelöwen legen sich nach einigen Verdauungsrunden an den Beckenrand und schlafen trotz der Novemberkälte wieder ein. Helmut schaut ihnen ein wenig neidisch zu. »So'n dickes Fell möchte ich auch mal haben – in acht Grad kaltem Wasser schwimmen gehen und dann bei knappen sechs Grad draußen pennen.« Seine klammen Finger rei-

»Wer schwimmen kann, kann auch tauchen.«

bend geht der Revierleiter zurück zum gemütlichen Häuschen des Robbenreviers. Es riecht nach Kaffee. Kollege Martin Albertz, zurück von der morgendlichen Rentierversorgung, hat schon mal eine Kanne ultrastarken Gebräus angesetzt. Das wärmende Getränk in den Händen, schwelgen die beiden Tierpfleger in Erinnerungen an die Anfänge ihrer Seelöwenzucht. Maja, die weibliche Hälfte des ersten Duisburger Seelöwenpärchens wohnt immer noch am Kaiserberg. Gemeinsam mit dem Bullen Tommy kam sie 1981 ins Ruhrgebiet – zwei Tiere der gleichen Art, wie sie unterschiedlicher nicht sein konnten. »Tommy war ein unglaublich ruhiger, lieber Bulle«, erinnert sich Helmut, »mit dem konnte man eigentlich alles machen. Und Maja war immer schon eine totale Hektikerin. Die wollte springen, die wollte toben, die hat immer verrückte Dinger gemacht.« Tommys plötzlicher Tod im Jahr 2002 traf beide Tierpfleger tief. »Wir haben mehr Zeit mit den Tieren verbracht, als mit unseren Familien«, sagt Martin, »und wenn ein Tier stirbt, mit dem Du mehr als zwanzig Jahre lang jeden Tag gearbeitet hast, mit dem Du gelitten und gelacht hast, dann ist das, als wenn dir einer aus der Familie hops geht, ganz einfach.« Helmut pflichtet ihm bei. »Das steckst Du nicht so einfach weg. Wir haben beide geheult wie die Schlosshunde.«

Die Arbeit mit ihren Tieren half den beiden mit der Zeit über den Verlust hinweg. »Das Leben geht weiter und der Zoo auch«, meint Martin und schnappt sich seine Jacke. Die Kaffeepause ist beendet.

»Boah, is dat kalt«, flucht Helmut draußen. »Wird gleich noch kälter«, meint Martin, »um eins kommt die Lieferung.« Einmal wöchentlich erhält das Robbenrevier Futternachschub per Kühltransport. In 20-Kilo-Paketen bringt ein holländischer Lieferant jeden Donnerstag zweieinhalb Tonnen gefrorenen Eismeer-Hering, Sprotten und andere schadstoffarme Fische – allein für die Tiere von Törkels Bereich: Seelöwen, Seehunde und Pinguine. Martin macht sich auf den Weg zu den Wölfen, Helmut legt in der Futterküche die Familienportion des kommenden Tages zum Auftauen heraus. Dann säubert er die Stallungen und sieht noch mal nach der Gruppe. Neugierig schnuppern Pit & Co. an Helmuts fischigen Fingern. Als er freundlich seine Rasselbande tätschelt, lächelt er plötzlich. »Mir ist noch ein Grund aufgefallen, warum ich Seelöwen so mag«, lacht er. »Die sind so schön handlich: Da brauch ich mich nicht so tief bücken, um die zu streicheln. Prima für mein altes Kreuz.«

Auch Seehunde leben im Duisburger Zoo

Liebenswerte Angeber

Das Seelöwenbecken im Duisburger Zoo kann man problemlos mit geschlossenen Augen finden. Nicht nur zu Paarungs- oder Fütterungszeiten lassen Pit, Katja, Nixe und die anderen ihre kehligen Stimmen selbstbewusst und so laut erschallen, dass man sie bis hinunter zum Affenhaus hören kann. Irgendwie sind Seelöwen echte Angeber. Aber dabei so neugierig, lustig und freundlich, dass man sie einfach gern haben muss.

Pfeilschnell flitzen sie durchs Wasser, bauen sich zielstrebig vor den Besuchern ihres Geheges auf und recken die langen biegsamen Hälse mit der Schnurrbartspitze zum Himmel, als wollten sie sagen: »Hey, guck mal hierher! Schau wie geschickt und beweglich ich bin – das kann sonst keiner!« Dann lassen sie sich mit Karacho in den Überlaufgraben fallen, dass den Zuschauern angst und bange wird. Nicht wenige Besucher des Duisburger Zoos wenden sich verängstigt an die Robbenpfleger, weil sie fürchten, dass sich die nassschwarzen Akrobaten verletzen könnten. Aber keine Bange – die polsternde Fettschicht federt alles ab, was die Seelöwen nicht ohnehin durch ihre Geschmeidigkeit ausgleichen.

An Wendigkeit unter Wasser werden die verspielten Meeressäuger höchstens noch von Pinguinen übertroffen. Selbst Delfine hätten im Unterwasserslalom gegen Seelöwen nicht den Hauch einer Chance. Denn die Wirbelsäule der Nachbarn aus dem Delfinarium ist auf Höchstgeschwindigkeit ausgelegt, um in offenen Gewässern das lebensnotwendige Wettrennen mit den Beutetieren zu gewinnen. Bei den Tümmlern und ihren Verwandten sind die Nackenwirbel nach Jahrmillionen Anpassung an den Lebensraum miteinander verwachsen um höchstmögliche Stabilität zu gewährleisten. Bei Seelöwen hingegen ist die Wirbelsäule so beweglich, dass sie problemlos mit der Schnauzenspitze die Hinterflossen berühren können. Und das muss sie auch sein. Denn der Lebensraum Kalifornischer Seelöwen sind küstennahe Tangwälder, Flussmündungen und zerklüftete Felsufer. Dort tauchen sie nach Fischen und Tintenfischen, ihrer Hauptnahrung. Weil die Beutetiere aber in der Regel deutlich kleiner als die Seelöwen sind, besitzen sie auch einen erheblich kleineren Wendekreis und können viel schneller die Schwimmrichtung wechseln. Trotzdem haben sie meist keine Chance gegen ihre Verfolger. Der lange und überaus bewegliche Seelöwenhals erweitert ihren Aktionsradius erheblich. Gemeinsam mit ihrer sagenhaften Manövrierfähigkeit macht er Seelöwen so zu Meistern der Kehrtwende. Kaum vorstellbar, zu welchen Leistungen menschliche Sportler mit einem solchen Rückgrat fähig wären.

Bulle Pit und sein Harem wendiger Seelöwendamen haben also allen Grund, sich den Zuschauern am Beckenrand mit stolzgeschwellter Brust zu präsentieren. Und das tun sie auch – hemmungslos. Wenn man sich die Zeit nimmt und die Ruhephasen der Gruppe abwartet, macht man eine erstaunliche Beobachtung: Seelöwen legen sich äußerst selten flach ausgestreckt zum Dösen hin – ganz im Gegenteil: Die Tiere scheinen gerade schroffe Ecken und äußerst unbequem wirkende Felskanten auszuwählen, damit ihre Rücken nur ja in unmöglich verbogenen Winkeln gekrümmt werden. Dann erst schließen sie genüsslich die schwarzblauen Augen. Seelöwen sind halt echte Angeber.

Die Entdeckung eines Talents

Stephanie Danzer schmust mit den Trampeltieren

Es hat lange gedauert, bis Stephanie Danzer ihre Eltern überzeugen konnte, dass Tierpflegerin genau der richtige Beruf für die Tochter ist. Man kann allerdings nicht sagen, dass Steffi sich nichts hätte einfallen lassen, um die Tierliebe auch in Vater und Mutter zu wecken. Angefangen hat alles mit dem Fernsehen. »Ich hab halt schon immer sehr gerne Tierfilme geguckt«, erzählt die 35-Jährige schmunzelnd, »und am Ende musste ich immer heulen wenn, was weiß ich: Lassie, der Hund is weg, dat Pferd stirbt, keine Ahnung, egal was passierte – ich hab immer geheult wie ein Schlosshund und hab mir auch immer Tiere gewünscht.«

Mehr als Wellensittiche und später Meerschweinchen erlaubten die Eltern nicht. Sie hatten ohnehin andere Pläne für die Tochter: Hauswirtschafterin, Köchin oder irgendeinen anderen ›ordentlichen‹ Beruf. »Tierpfleger, das ist doch kein Beruf für 'ne Frau, haben sie immer gesagt«, erinnert sich Steffi vergnügt, »aber dann hab ich gehört, dass sie im Zoo bevorzugt Frauen einstellen, wegen der Quote. Und zack – hab ich 1989 hier meine Lehre angefangen.« Von da an gab es für die frischgebackene Tierpfleger-Azubine kein Halten mehr. »Ich hab alles zu Hause angeschleppt von jungen Mäusen über Enten, Igel, Vögel, Eichhörnchen, also alles was pflegebedürftig war«, erzählt sie fröhlich. »Ich hatte dann in meinem Zimmer – das waren nur 12 qm – so'n kleinen Privatzoo. Ich hab da meine Meerschweinchen selber gezüchtet, meine Hamster selber gezüchtet, das war schon heftig. Meine Mutter war wenig begeistert muss ich dazu sagen ... und mein Vater war sowieso nie für Tiere zu begeistern.« Aber was sollten die Eltern auch sagen – die Tiere waren schließlich der beste Beweis dafür, dass Stephanie ihrem gewählten Beruf mit Leidenschaft nachging. Und so schlossen Eltern und Tochter einen Kompromiss: Alles, was in Steffis Zimmer passierte, war ihre Sache, so lange keines der Tiere Ausflüge in die elterliche Wohnung unternahm. Klar, dass das nicht lange gut ging. »Ich hatte kurzzeitig auch mal Flusskrebse, die sich wunderbar vermehrt haben«, erinnert sich die Tierpflegerin, »einer ist dann irgendwann heimlich aus dem Becken rausgekrabbelt und lief ganz unternehmungslustig durch die Wohnung – das fand meine Mutter gar nicht prickelnd. Ich hab die Krebse ihr Zuliebe dann wieder ausgesetzt. Hier in der Ruhr unten gibt's halt Flusskrebse – so schlecht ist das Wasser gar nicht.«

Im Duisburger Zoo arbeitet Steffi als so genannte Springerin. Sie ist keinem festen Revier zugeteilt, sondern wird immer dort eingesetzt, wo gerade Pfleger benötigt werden. Ein sehr vielseitiger Job, denn Steffi muss sich in fast allen Revieren auskennen. Aber gerade diese Abwechslung findet die resolute Duisburgerin so interessant. »Ich bin in jedem Revier gerne und werde auch – bis auf das Elefantenhaus – überall eingesetzt«, sagt sie, »und ich habe festgestellt: längere Zeit in einem Revier sagt mir im Moment noch nicht zu. Also mal zwei drei Wochen schaff ich schon, aber länger? Das ist nix für mich, das wird ziemlich langweilig.« Die Tierpflegerin ist stolz auf ihre Vielseitigkeit. Und sie weiß genau, dass jeder Zoo ohne Springer schnell in personelle Schwierigkeiten käme. »Ohne uns würde nichts laufen. Wenn jetzt in einem Revier zwei Mann krank sind und einer im Urlaub und es sind nur noch Springer übrig und uns gäb's nicht – dann wär Ende. Denn die anderen Reviertierpfleger woanders einsetzen kann man meistens nicht, weil sie sich gar nicht da auskennen.«

Konsequenterweise haben die Ruhrpott-Schnauzen Steffi Danzer dann auch in den verschiedensten Revieren begleitet. Und waren stets angetan, von ihrer immer offenen und liebenswürdigen Art. Steffi haben die Dreharbeiten ebenso viel Spaß gemacht – auch wenn sie eigentlich gar nicht ›mitspielen‹ wollte. »Ich wusste, dass ihr hier anfangt«, verrät sie lächelnd, »damals waren ja nur ein, zwei Monate Drehzeit geplant. Ich hatte zu der Zeit Urlaub und dachte, prima, wenn ich wieder da bin, sind die weg. Hab ich mit dem ganzen Scheiß nix zu tun, hab ich mir so gedacht. Naja. Ganz falscher Fehler.« Damals ahnten weder Tierpfleger noch Fernsehleute den großen Erfolg der Ruhrpott-Schnauzen. Und so klingelte eines Tages das Telefon im Raubtierhaus, in dem Steffi gerade arbeitete. In der Leitung eine Redakteurin: Ob man kurzfristig mit der Springerin drehen könne? Ohne lange nachzudenken sagte Steffi zu. Doch als wenig später das Kamerateam anrückte, war es um ihr Selbstbewusstsein geschehen. »Von einer Sekunde

»*Tierpfleger, das ist doch kein Beruf für 'ne Frau.*«

> »Der erste Dreh war ein verdammter Höllendreh.«

zur anderen war ich ein nervliches Wrack«, erinnert sich die Tierpflegerin, »ich hatte keine Ahnung, was ich machen sollte, keine Ahnung, was ich sagen sollte und sagen durfte. Der erste Dreh war ein verdammter Höllendreh. Ich musste mit der Löwenkarre und dem Fleisch drei mal den Berg hoch laufen, zu schnell, zu langsam, Kameramann umgefallen, keine Ahnung, der Ton klappte nicht, den halben Vormittag ging das so. Aber danach, nach der Feuertaufe, war's mir egal, muss ich sagen. Da hatten wir eigentlich immer richtig Spaß.«

Betrachtet man die Aufnahmen dieses ersten Drehtages mit der Springerin, kann man beim Aufsperren der Schlösser deutlich sehen, wie Steffis Hände zittern. Redakteurin und Kamerateam entschuldigten sich nach Drehschluss gemeinsam bei der Tierpflegerin für den Fernseh-Überfall. Aber nachdem sie gleich zu Anfang ins eiskalte Wasser geworfen wurde, zeigte Steffi bei allen weiteren Drehs nicht die leiseste Spur von Nervosität. Auch dann nicht, wenn ihre Schützlinge alles geben, um das Revier ins Chaos zu stürzen. »Mein schlimmster und gleichzeitig einer der schönsten Drehs war jener vermaledeite Tag im Bongorevier«, sagt sie und schüttelt in Erinnerung ungläubig den Kopf. »Eigentlich wollten wir ja nur die Wildhunde beschäftigen. Aber dann haut plötzlich der Mandschuren-Kranich ab, kaum ist der eingefangen, haut der Marabu ab und gleichzeitig versucht der Bongo-Bock über die Brüstung zu springen. Als ob das nicht reichen würde, versucht auch noch der rote Panda zu flüchten… Mehr konnte an dem Tag ja gar nicht schief gehen. Hat aber Spaß gemacht, das war richtig schön. Das war ein super Dreh. Und wir haben alle Tiere wieder gekriegt!«

Schön, wenn sich alles zum Guten wendet. Steffi hat sich während dieses chaotischen Tages nicht einmal vor der Kamera verhaspelt. Und auch im ihrem Elternhaus hat inzwischen eine Art von Tierliebe Einzug gehalten. »Bei meinen Eltern hab ich noch eine Vogelspinne deponiert, die hat mein Vater adoptiert«, erzählt Steffi lachend. »So'ne kleine, handliche Rotfuß-Vogelspinne. Meine Meerschweinchen, Hamster und was ich noch alles hatte, das hat er nie gern gesehen. Aber diese Vogelspinne, die liebt der über alles. Der geht sogar durch den Kleingarten und fängt bewusst Fliegen für diese Spinne. Ja, warum? Keine Ahnung, weiß ich nicht. Die Spinne mag er.« Vielleicht sollten die Ruhrpott-Schnauzen auch mal bei Herrn Danzer senior vorbei schauen – gut möglich, dass das Talent in der Familie liegt.

Ihre Scheu vor der Kamera hat Stephanie Danzer längst verloren

Tiermedizin im Zoo: Kein Tag ohne Überraschungen!

Auch wenn jeder Tag im Zoo für den Tierarzt anders und voller Überraschungen ist, so beginnen die Tage doch immer gleich: mit dem Verlassen meiner Dienstwohnung im Elefantenhaus. Die Geräusche der Tiere, die Gerüche, die schöne Parkanlage des Zoos empfangen mich. Alle Tiere sind Frühaufsteher und kennen den Tagesablauf des Zoos: »Gleich gibt's Frühstück!« Bei jedem Wetter hört man die lauten Rufe der Riesenotter, das nervöse Gepolter der Elefanten, die sich freuen, dass sie gleich auf die Außenanlage gehen, das Konzert der lauten Schreie der Varis, die wie in der Wildbahn am frühen Morgen ihr »Revier« mit ihren Rufen abstecken. Die Löwen brüllen und die Wölfe heulen, während der Zoo noch geschlossen und die Wege noch ruhig sind. Man riecht den Kaffee der Pfleger, die oft schon eine Stunde vor Dienstbeginn gekommen sind, um zu kontrollieren, dass »ihre« Tiere, ihre Lieblinge, in Ordnung sind. Der Futtermeister hat viel früher angefangen und bereits die Rationen des Tages verteilt, vor allen Häusern stehen große Säcke und Eimer mit Futter. Wenn bis zum offiziellen Dienstbeginn mein Handy noch nicht geklingelt hat, dann weiß ich, es gibt keine bösen Überraschungen bei den Tieren: Der Tag fängt gut an …

Tierarzt Manuel Garcia Hartmann und Assistentin Stefanie Krohn

Im Gegensatz zu den meisten anderen Tierärzten sieht man als Zootierarzt »seine Patienten« jeden Tag, sozusagen in jeder Lebenslage und nicht nur, wenn sie krank sind. Dadurch entwickelt sich ein ganz besonderes Verhältnis zu den Patienten und auch ein feines Gespür für ihre Gesundheit: ihre Besonderheiten und individuellen »Marotten«, ihr Charakter und ihre Vorlieben sind genauso gut bekannt wie ihre besonderen Empfindlichkeiten. Gorilla Safiri hält sich oft ihr linkes Ohr zu, hat aber keine Ohrentzündung, bei ihr ist das Verhalten normal. Der Riesenotter ist weit über das normale Alter seiner Artgenossen in der Wildbahn hinaus und hat daher manchmal Nierenprobleme, wie viele ältere Hauskatzen auch. Das alte weibliche Nashorn ist ein wenig senil und ein echter Morgenmuffel, sie hat morgens oft schlechte Laune. Ganz normal im Zoo.

Den Zootierpflegern kommt eine ganz besondere »tiermedizinische Rolle« zu: sie kennen ihre Pfleglinge wie niemand sonst und sehen jede noch so kleine Veränderung im täglichen Verhalten der Tiere. Damit werden sie zu den Augen und Ohren des Tierarztes: Elefant Daisy hat ihre Ration über Nacht nicht aufgefressen, obwohl sie normalerweise keinen Halm übrig lässt; die Satyrtragopan-Henne atmet heute mit offenem Schnabel; der Tiger lahmt ein wenig und will nicht auf die Außenanlage; Koala Koomela hat Gewicht verloren, zwar nur ein paar Gramm, aber können Sie mal kommen und sie anschauen? Die kleinen und großen Wehwehchen der über 2000 Tiere des Zoo können einen ganz schön in Atem halten.

Die Behandlungsberichte lesen sich dann auch wie ein Querschnitt durch die Zoologie: vom kleinsten Frosch bis zum Afrikanischen Elefanten ist alles dabei. Genau in dieser Vielfalt liegt die besondere Faszination der Zootiermedizin. Jedes Tier im Zoo ist einzigartig, hat seine tierartlichen und individuellen Besonderheiten, seine eigene Tiermedizin. Darüber hinaus ist der Tierarzt im Zoo Ernährungsberater und Chirurg, für Probleme bei der Geburt und der Jungtieraufzucht genauso zuständig wie für die Alters-Wehwehchen der in die Jahre gekommenen Zootiere, er etabliert und überwacht die medizinische Vorsorge aller Tiere, prüft die Haltungsprobleme und behandelt alle auftretenden Krankheiten.

Es gibt keine Routine, und die Vielzahl der verschiedenen Tierarten bieten dem Mediziner auch das gesamte Spektrum der Krankheiten der Tiermedizin und manchmal, vor allem bei den Affen, auch der Humanmedizin. Die Siamangs und die Orang Utans haben Husten in der kalten Jahreszeit? Ein Hustensaft für Pferde und ein Hustenmittel für Menschen bringen das wieder in Ordnung. Eine Beißerei bei den Varis hat zu kleineren Wunden geführt? Diese Wunden sind nicht groß und die Varis haben gutes Heilfleisch, wir warten ab und beobachten genau, die Wunden heilen von selbst. Ein Pfeilgiftfrosch ist am ganzen Körper geschwollen? Wir schröpfen ihn und behandeln die zu Grunde liegende Infektion. Über fehlende Abwechslung können wir Zootierärzte nicht klagen!

Da die meisten Patienten im Zoo sich nicht gerne untersuchen, behandeln oder auch nur anfassen lassen, ist der Zootierarzt vor allem eines:

Untersuchung eines jungen Bartaffen

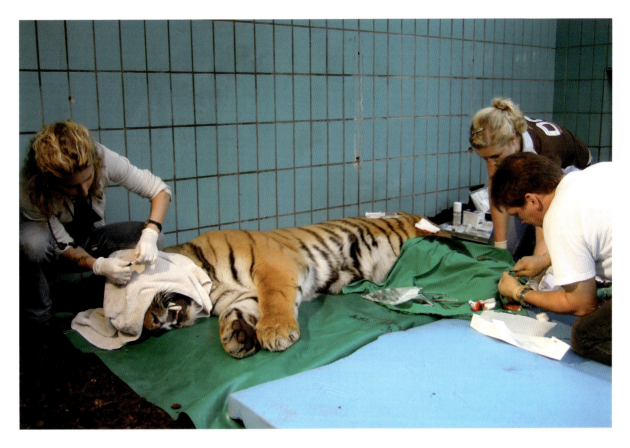

Eine Tiger-OP ist auch für erfahrene Zoo-Tierärzte keine alltägliche Sache

ein Narkosespezialist. Viele Untersuchungen oder Behandlungen, die bei Mensch und Haustier freiwillig durchgeführt werden können, erfordern im Zoo eine Vollnarkose des Patienten. Auch wenn es vielleicht in den Fernsehserien »leicht« aussieht, so ist doch jede dieser Narkose mit einem Risiko für den Patienten verbunden und damit auch für den Tierarzt immer ein gewisser »Stress«. Zuerst wird gut überlegt: Ist die Narkose wirklich nötig? Rechtfertigen die Untersuchungen und Behandlungen die Narkoserisiken? Schwierige Fragen, die bei jedem neuen Fall auch neu beantwortet werden müssen. Manche Tierarten, wie zum Beispiel Giraffen, Riesenotter und See-

> »Das Handy klingelt, ein Pfleger ist besorgt: ›Können Sie sich den mal anschauen?‹«

säuger, sind besonders schwierig in Narkose zu legen, das Risiko für das Leben des Patienten ist enorm groß. Dann die Wahl der richtigen Narkosemittel und Dosierungen; wie schwer ist dieser Patient, wieviel Narkosemittel kam man ihm im heutigen Zustand zumuten? Und dann gibt es ja noch die kleinen hilfreichen Tricks ... Bei einer Narkose von einem Sibirischen Tiger waren einmal Kollegen einer tiermedizinischen Fakultät aus Belgien dabei und sie wurden etwas nervös, als der Tiger in der Narkose einen völligen Atemstillstand bekam. Was jetzt? Notfallmedikamente spritzen oder künstlich beatmen oder beides? Dies wären die üblichen Maßnahmen bei Haustieren gewesen, aber ein Tiger ist ja was Besonderes, und auch ein paar Größen größer als eine Hauskatze. Die Kollegen staunten nicht schlecht, als ich dem Tiger mit der flachen Hand einmal auf den geräumigen Brustkorb schlug – und er sofort wieder anfing zu atmen. Das steht halt in keinem Lehrbuch.

Ganz besonders schwierig wird es bei solchen Patienten wie den Affen, die sich das Gesicht des Tierarztes sehr gut merken können. Das führt dazu, dass viele Affen sich alleine schon bei der Anwesenheit des Tierarztes sehr aufregen. Gerade Menschenaffen – die uns Menschen am ähnlichsten sind – haben ein sehr gutes Personengedächtnis und sind auch sehr nachtragend. Um den Stress für die Tiere so gering wie möglich zu halten, haben wir in Duisburg einen ganz eigenen Trick entwickelt, der gerade bei Gorillas, Orang Utans und Schimpansen wunderbar funktioniert. Vor der Narkose verkleide ich mich mit einer Gesichtsmaske und einem Helm, sowie einem langen grünen Kittel, so daß meine Kleidung nicht mehr zu sehen ist. Ich gebe zu, die Verkleidung sieht recht furchterregend aus und wir bezeichnen sie auch als »den bösen Mann«, aber sie leistet vortreffliche Dienste. Das mag zwar wie eine Art Betrug erscheinen, aber es sorgt für einwandfreie Narkose und hat auch immer zu einem guten Verhältnis zwischen mir und allen Menschenaffen geführt. Sie freuen sich auf die kleinen Leckereien, die ich ihnen bei unseren täglichen Begegnungen zustecke. So, als könnte ich kein Wässerchen trüben.

Das Handy klingelt, ein Pfleger ist besorgt: »Können Sie sich den mal anschauen?« Natürlich kann ich! Denn als Zootierarzt mit den vielen wilden Tieren zu »arbeiten« ist ein Traumberuf. Zumindest für mich.

Manuel Garcia Hartmann, Tierarzt

Eine Giraffe unter Narkose

Mein Pussykätzchen

Normalerweise achten Tierpfleger darauf, ihre Schützlinge nicht zu sehr zu verniedlichen. Normalerweise ist das auch gut so. Aber es gibt Ausnahmen. Ausnahmen, bei denen es irgendwie passt – sei es, weil die Tiere einen besonders hohen Niedlichkeitsfaktor haben oder, gerade im Gegenteil, so gefährlich sind, dass sich eigentlich jede zärtliche Bezeichnung verbietet. Eigentlich.

Tierpfleger Michael Wrobel aus dem Bongorevier

Im Ostteil des Duisburger Zoos stapft Michael Wrobel mit einem kleinen Eimer Fisch den Hügel am Delfinarium hinauf. Als Tierpfleger des Bongoreviers muss er diesen Weg täglich mehrmals zurücklegen, und ganz ehrlich: Er hasst die Lauferei. Gerade bei nasskühlem Herbstwetter, wenn dem 58-Jährigen seine Gelenke wieder mal zu schaffen machen. »Tierpflegerkrankheit«, bemerkt er trocken. »Viele von uns Älteren ham's am Rücken oder inne Knochen. Ich fänd's ja besser, wenn ich 'nen Elektrokarren hätte – aber wat macht man nich alles für seine Lieben, ne?«

Für die Zahnwale scheint der Fisch nicht bestimmt zu sein, denn das Delfinarium lässt Michael Wrobel links liegen. Auf der wasserbegrenzten Freianlage hinter der Tümmlerhalle ist allerdings auch kein Tier zu sehen, als Michael vorbei geht. »Die Trulla liegt bestimmt hinten rum«, meint der Tierpfleger, »die weiß ja immer schon, wenn ich komme.« Mit diesen Worten schlendert er Eimer schwenkend bis ans Gitter auf der Anlagenrückseite und ruft dabei: »Hallo Pussykätzchen – na wo biste meine Kleine?« Wie aus dem Nichts erscheint auf diesen Lockruf hin ein riesiger sibirischer Tiger, hebt sich mühelos auf die Hinterbeine und lässt seine mehr als 200 Kilogramm Gewicht mit solcher Wucht gegen das Gitter fallen, dass die Eisenstäbe vibrieren. Michael Wrobel hat genau im richtigen Moment einen Schritt zurück getan – nicht aus Furcht, sondern weil er diese Begrüßung schon kennt. »Ätschibätsch«, macht er und streckt Tigerin Gisa die Zunge raus. »Hast mich wieder nicht erwischt, Mädchen. Die versucht nämlich im-

»*Dat is ganz normal, dass sich ein Kater schomma 'ne Ohrfeige fängt.*«

mer mich nass zu spritzen«, verrät er. »Ich bin mir sicher, dass sie extra ihre Tatzen nass macht und dann die feuchten Pfoten ans Gitter haut, damit ich die dreckigen Tropfen abkriege.«

Gisa hat sich wieder auf alle Viere fallen lassen und reibt ihren riesigen Kopf mit halb geschlossenen Augen am Gitter. »Ja, is ja gut mein Miezekätzchen«, lächelt der Tierpfleger und beginnt die Tigerdame in aller Ruhe hinter dem Ohr zu kraulen. Ein ebenso schönes wie völlig unwirkliches Bild, denn könnte der Tierpfleger seinem ›Pussykätzchen‹ nicht völlig vertrauen, hätte er wohl bald ein paar Finger weniger. Und gerade wegen dieser Mischung aus Gefahr und Verlässlichkeit passen Michael Wrobels Kosenamen so gut zu seiner Raubtierfreundin.

»Wir kennen uns, seit Gisa vor drei oder vier Jahren hier her gekommen ist«, erzählt der Tierpfleger, »und dat war ein Verhältnis, wat von Anfang an gestimmt hat. Dat merkste ja auch.« Oh ja, das merkt man deutlich – kein Fauchen, Grollen oder ähnlich aggressives Verhalten. Im Gegenteil: Äußerst vorsichtig packt die Tigerin mit ihren riesigen Reißzähnen den dargebotenen Fisch aus den Händen ihres Pflegers. Sicher, eigentlich kann nichts passieren, es ist ja ein massives Gitter dazwischen. Aber immerhin gehört das Wesen auf der anderen Seite zu den größten Raubkatzen der Erde. Die Zutraulichkeit ist mitnichten grundsätzliche Sympathie, sondern geduldig erarbeiteter tierpflegerischer Erfolg. Und ebenso stellt die Handfütterung nicht plumpe Angeberei dar, sondern ein wichtiges Werkzeug im täglichen Umgang mit den Raubkatzen. Denn in den Fischen lassen sich leicht Medikamente verstecken, ohne dass sensible Tigernasen und -zungen die meist bitter schmeckende Medizin entdecken.

Gisa bewohnt die Anlage gemeinsam mit Tigerkater Elroy. ›Gemeinsam‹ ist allerdings noch ein wenig übertrieben ausgedrückt, denn momentan lassen die Duisburger Pfleger die Tiere sicherheitshalber nur abwechselnd auf die Anlage. Die Ruhrpott-Schnauzen haben die Beziehung beider Großkatzen von Elroys Ankunft im Mai 2006 an bis zum heutigen Tag begleitet und so manchen Tigerzoff miterleben dürfen. Leider gelang es bisher nicht, die Tiere zusammen zu führen. Regelmäßig bezog der junge Kater eine ordentliche Tracht Prügel von der älteren Tigerin, wenn beide gemeinsam auf der Freianlage waren. »Ganz normales Tigerverhalten«, erklärt Michael Wrobel, »dat sind ja absolute Einzelgänger – und nicht die Familientiere, als die sie

Elroy und Gisa im Badeteich der Tigeranlage

so gerne in Zoos dargestellt werden. In der Natur treffen sich Männchen und Weibchen nur zur Paarung und dann gehn'se wieder ihrer Wege. Dat is ganz normal, dass sich ein Kater schomma 'ne Ohrfeige fängt, wenn er außerhalb der Paarungszeit im Revier des Weibchens rumschleicht.« Mit der Zeit werden sich beide Tiere mehr und mehr aneinander gewöhnen, da ist sich der erfahrene Tierpfleger sicher.

»Man muss da halt das Alter sehen: der Elroy is' mit seinen fast vier Jahren ja noch nicht fertig«, meint Michael. »Wenn man so den Kopf sieht und die Tatzen zum Körper, da fehlen meiner Meinung nach noch zwanzig, dreißig Kilo damit das von den Proportionen her alles stimmt. Und er ist ja auch schon viel, viel ruhiger geworden. Der kommt sogar inzwischen sein

> »Die einzigen Tiere, die einen in der Natur direkt anstarren, sind Raubtiere.«

Futter hier am Gitter abholen – da musst du sogar aufpassen, dass er die Gabel nicht mit rein zieht.«

Bleibt die Frage, ob Elroy auch sein Lampenfieber verlieren wird. Bisher nämlich gilt der Tigerkater bei den Ruhrpott-Schnauzen als das am schwierigsten zu filmende Tier. Schon von weitem erspäht er meist zielsicher jede Kamera und zieht sich rechtzeitig in seinen Stall zurück. Genau so erfolglos blieben bisher Versuche, die Linse in Sträuchern oder Kisten zu tarnen, um den scheuen Kater zu überlisten.

Die Teams können von Glück sagen, wenn sie auch nur eine Schwanzspitze von Elroy zu sehen bekommen. Nur ein Kameramann konnte eine spektakuläre Szene des immerhin deutlich mehr als zwei Meter großen Tigers filmen – allerdings hätte er die Aufnahme fast mit seinem Leben bezahlt. Nicht, weil er dem gefährlichen Raubtier zu nahe gekommen wäre, sondern weil Elroy ihn fast zu Tode erschreckt hat.

Der Drehplan sah folgenden Ablauf vor: Ankunft Michael Wrobel am Außengehege, kurze Begrüßung des Tieres durch den Pfleger, Abschwenk auf Tiger und Schnitt.

So weit, so einfach. Aber als Elroy die Kamera auf sich zu schwenken sah, beschleunigte der Tiger aus dem Stand bis zur höchstmöglichen Geschwindigkeit, sprang vom Ufer ab und landete nach einem riesigen Satz wild fauchend etwa zwei Meter vor der Brüstung im Wassergraben. Objektiv bestand keine Gefahr; subjektiv, also aus Sicht des Kameramannes, sah es ganz schön knapp aus. Kreidebleich und zitternd schleppte sich der Fernsehprofi zum Delfinkiosk, um sich mit Kaffee und Kippe von diesem Schrecken zu erholen. Nur mühsam konnten ihn die Kollegen überreden, weiter zu drehen. Bis heute behauptet er, dass Elroy es auf ihn persönlich abgesehen hatte.

Aber Michael Wrobel weiß, dass das nicht stimmt. »Das war reines Angstverhalten«, erklärt er, »man muss sich eines vergegenwärtigen: Die einzigen Tiere, die einen in der Natur direkt anstarren, sind Raubtiere, die ihre Beute fixieren müssen. Alle anderen Tiere meiden den direkten Augenkontakt. Und Tiger kennen im Tierreich keine anderen Raubtiere, die ihnen gefährlich werden können – der Elroy hat einfach Angst gehabt und wollte sich gegen die Kamera verteidigen« Klingt ganz logisch. Trotzdem werden sich bestimmte Mitglieder der Ruhrpott-Schnauzen freuen, wenn Elroy irgendwann diese Scheu vor großen Linsen verliert.

König ohne Thron

Einst glaubten die Ureinwohner im Osten Russlands, wer Amba, den Herrscher der Taiga, tötet, bringt Unglück über sich und seine Nachkommen. Amba, der Herrscher, ist die größte Raubkatze der Welt. Der Amur-Tiger, auch sibirischer Tiger genannt, nimmt es sogar mit Bären auf. Wie so oft ist es der Mensch, dem sich das Tier geschlagen geben muss. Der Amur-Tiger, über Jahrhunderte als König der Taiga verehrt, ist vom Aussterben bedroht. Immer noch und schon wieder. Bereits zu Beginn der 1940er Jahre waren die majestätischen Jäger so gut wie ausgerottet – man zählte nur noch 30 Tiere. Bereits 1947 wurde deshalb ein bis heute gültiges Jagdverbot ausgesprochen. Geholfen hat es nicht viel. Denn Tiger sind die wertvollsten Katzen der Welt – leider nicht nur in den Augen der Artenschützer, sondern vor allem für skrupellose Händler. In der traditionellen asiatischen, vor allem aber chinesischen Medizin gelten alle Tigerprodukte seit mehr als 1000 Jahren als Heilmittel. Vom Schnurrhaar bis zur Schwanzspitze, vom Augapfel bis zur Kralle – alles, was von Tigern stammt, ist auf den Schwarzmärkten viel Geld wert. Hauptsache, es gibt den passenden Aberglauben dazu. Belegen konnte die Wirkungen der Mittelchen bislang noch niemand, und dennoch werden Tiger erbarmungslos gewildert.

Der illegale Handel mit Tigerfellen ist beileibe kein rein asiatisches Problem. Schwarze Märkte für Tigerfleisch, Tigerfelle und sogar Jungtiere finden sich ebenso in Amerika, Australien und Europa. Es ist die Überlegenheit dieser Tiere in ihrem Lebensraum, die Eleganz ihrer Bewegungen und die Gefährlichkeit ihrer Attacken, die viele Menschen seit Beginn der Zeitrechnung faszinieren. Kaum ein Herrscher der letzten 3000 Jahre, der sich nicht mit Bildnissen, Zähnen, Fellen oder gar lebenden Exemplaren diverser Raubkatzenarten geschmückt hat. Um Feinden, Frauen, Untertanen zu imponieren, um sich gegen böse Geister oder Angreifer zu schützen und oftmals auch, um seine eigene schnöde Existenz mit dem Glanz eines perfekten Jägers, eines Königs der Tiere zu verhüllen. Haben wir uns seit den Zeitaltern römischer Imperatoren oder mittelalterlicher Despoten wirklich weiter entwickelt?

Vor etwa 50 Jahren gab es noch acht Unterarten des Tigers, die in weiten Teilen Asiens verbreitet waren. Nur fünf haben überlebt. Der Bali-Tiger wurde in den 1940er Jahren ausgerottet, der Kaspische Tiger in den 70er Jahren und der Java-Tiger fand sein Ende in den 80er Jahren. Die fünf überlebenden Arten, der bengalische oder Königstiger, der Südchinesische Tiger, der Sumatra-Tiger, der Indochinesische Tiger und nicht zu letzt der Amur-Tiger kämpfen um ihr Überleben. Nur noch wenige hundert Tiere jener größten Unterart leben heute in den Weiten Sibiriens – trotz strikter Schutzmaßnahmen.

Um dem eigenen Hunger zu entrinnen, macht die arme Bevölkerung Nordsibiriens zudem Jagd auf die Beutetiere des Tigers. So sehr sind die Bestände der einheimischen Wildschweine, Rot- und Sikahirsche zurückgegangen, dass die Tiger kaum noch Beute finden und viele Jungtiere schlichtweg verhungern. Gleichzeitig frisst die Holzindustrie täglich riesige Waldflächen und treibt die Amur-Tiger immer weiter zurück. Bis der einstige König der Taiga nur noch durch die Erzählungen der Alten streift.

Fischgeruch gehört dazu

Revierleiter Ulf Schönfeld

Hinter den Türen des Delfinariums ist man erst mal enttäuscht: Nüchterne Gänge, Räume voller Taucherklamotten und jede Menge technischer Apparaturen, deren Funktion sich dem Laien niemals erschließen wird. Dringt man weiter vor, ändert sich der Eindruck allerdings schlagartig. Breite Wasserkanäle und geräumige Becken signalisieren dem erstaunten Zweibeiner sofort, dass dieses Haus für Wasserlebewesen konzipiert wurde. Plötzlich taucht einer der Bewohner direkt vor den eigenen Augen auf. Und auch als unsentimentaler Fernsehjournalist denkt man sich: »Wow, das ist ein Delfin, ein echter Delfin da vor mir!« Nachdem man die Wendeltreppe zu den Aufenthaltsräumen der Pfleger hinab gestiegen ist, taucht man endgültig in eine fremde, wunderschöne Welt ein: Große Fenster lassen den Betrachter auf halber Tiefe in das große Vorführungsbecken blicken und hüllen den Raum in ein blaues, unwirkliches Licht. Immer wieder schwimmen die Delfine vorbei und linsen neugierig in die Enklave der Menschen.

Von alldem völlig unbeeindruckt sitzt Revierleiter Ulf Schönfeld am Tisch, die langen Beine über einen Stuhl ausgestreckt und liest Zeitung. »Guten Morgen«, grüßt er freundlich und beißt in sein Frühstücksbrötchen. »Kaffee?« Klar, der Mann arbeitet hier schon 'ne ganze Weile, aber muss der so verdammt cool bleiben? Als ahnte er die Gedanken, lässt Ulf ein breites Grinsen sehen. »Is' schon beeindruckend, was?«, sagt er mit völlig uneitlem Stolz. »Wir haben hier den schönsten Pausenraum Deutschlands – ach was, Europas.«

Wie oft die Ruhrpott-Schnauzen auch in das blaue Reich der Delfinpfleger hinab steigen – jedes Mal wieder ist man sprachlos. Nicht nur wegen der einzigartigen Atmosphäre, sondern auch weil alle Tierpfleger hier trotz der Sonderstellung, trotz der täglichen Vorführungen, trotz ihrer einfach unglaublichen Räumlichkeiten so gar nicht abgehoben sind. »Es geht nicht um denjenigen, der da steht und die Vorführung macht«, erklärt Ulf, »es

Delfine gehören bei den Besuchern des Duisburger Zoos zu den beliebtesten Tieren

geht bei der Vorführung nur um die Delfine, um die Delfinbeschäftigung. Der Pfleger ist außen vor. So Menschen mit gesteigertem Geltungsbedürfnis könnten das hier bei der Vorführung mit den Delfinen natürlich gut ausleben – aber das wird der ganzen Sache nicht gerecht. Denn es geht hier um – das sagt der Name schon – eine DELFIN-Vorführung. Da hat sich kein Pfleger selbst darzustellen.«

Ulf sieht immer noch ein wenig müde aus, aber wenigstens hat er jetzt wieder Zeit, in Ruhe zu frühstücken. Bis vor kurzem hielten die beiden neu geborenen Delfinbabys das ganze Haus auf Trab. Roland, Thomas, Sven,

»So ein kleiner Delfin verabschiedet sich schnell aus dem Leben.«

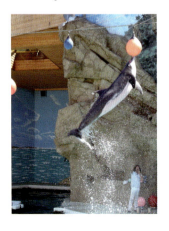

Delfin Ivo beim Sprung an den in 6 Meter Höhe hängenden Ball

Timm und Ulf, die Pfleger des Reviers, mussten Tag und Nacht Wache halten, denn es galt, jede neue Entwicklung so schnell wie möglich zu erkennen. »Das geht wahnsinnig an die Nerven, diese Nachtschichten-Zeiten«, beschreibt Ulf den Ausnahmezustand dieser Wochen, »weil du einfach weißt, wie schnell es ja auch nicht klappen kann mit so 'nem Baby. Die sind in den ersten Lebenswochen wirklich wahnsinnig empfindlich und so ein kleiner Delfin, so ist es einfach, verabschiedet sich schnell aus dem Leben. Der zeigt nicht großartig an, ich bin krank. Der trudelt einmal rum und ist im schlimmsten Fall zehn Minuten später tot.« Und auch nach 24 Stunden auf den Beinen konnten die Tierpfleger meistens keinen Schlaf finden. Zu groß war die Sorge um die neu geborenen Schützlinge. »Das nimmste ja auch mit nach Hause. Das Handy ist an, du bist immer auf'm Sprung und wenn du dann das Delfinarium auf'm Display siehst, dann bleibt dein Herz beinahe stehen, weil du denkst, es ist irgendwas. Aber wenn man die jetzt da rumtoben sieht, die beiden, das macht Freude. Jetzt ist alles gut. Das sind Bilder, die entlohnen dich für alles.«

Die morgendliche Fütterung ist beendet. Nachdem Ulf sein Geschirr weggeräumt hat, macht er sich an die Vorbereitungen für die 11-Uhr-Vorstellung. Während er den Fisch in großzügige Häppchen schneidet, erinnert er sich an vergangene Zeiten im Duisburger Delfinarium. »Wenn ich an meine Anfangszeiten hier denke, dann wurden da dreihundert Gramm Fisch pro Delfin in dünnste Scheibchen geschnitten, damit die auch sieben oder acht Programme am Tag machen«, sagt er. »Und am Anfang war die Art der Delfinvorführungen auch irgendwie – na ja, ich will jetzt nicht sagen militärisch geprägt – aber etwas straffer. Die Tiere mussten vor dem Pfleger stehen und wurden auf ein Handzeichen weggeschickt – das war alles nicht so locker. Man hat das aber damals nicht gemacht, weil man die Tiere zu Höchstleistungen zwingen oder ärgern wollte, sondern man hat es einfach nicht besser gewusst. Heute gehen wir viel lockerer und spielerischer mit den Tieren um.«

Der Futterfisch ist vorbereitet. Ulf zieht sich seine wasserdichte blaue Hose an, und dann kann es losgehen. Bei der Vorführung wird klar, was sich über die Jahre verändert hat. Nicht alle Tricks klappen auf Anhieb, manche Bestandteile der Darbietung fallen einfach weg, weil die Tiere wohl heute keine Lust haben. Dafür zeigt Ivo, der unumstrittene Chef der Duisburger

Delfingruppe, ein paar Sprünge, die nicht auf dem Programm standen. Der Delfinbulle braucht diese Soloauftritte, um seine Führungsrolle zu demonstrieren. Dürfte er seine Eigenkreationen nicht zeigen, würde das viel Unruhe in die Gruppe bringen.

Mit nassen Knien und fischigen Fingern verbeugt sich Ulf Schönfeld nach der Vorführung und geht lächelnd von der Bühne. Er weiß genau, dass eine intakte Rangordnung Sache des Delfinchefs ist und von den Pflegern kaum beeinflusst werden kann. »Früher hieß es immer hier im Delfinarium: Du musst das Alphatier sein«, erklärt der Revierleiter. »Aber wie soll ich das erreichen – ich kann ja hier an Land den dicken Maxe machen und wenn die sich dann im Wasser ihre Rangordnungskämpfe liefern, da kann ich überhaupt nicht eingreifen. Mach ich den Fehler und gehe dann ins Wasser, bin ich unter Umständen tot. Wir können in den Delfinfamilien nicht mit Gewalt unsere Rangordnung festsetzen. Das einzige, was man in so einer Delfinfamilie machen kann, ist, die von den Tieren gewählte Rangordnung zu unterstützen.« Und deswegen bekommt Ivo immer den letzten Bissen Fisch bei der Fütterung und darf bei den Vorführungen zwischendurch auch seine eigenen Tricks zeigen. Genau so wichtig ist es, die Launen der Tiere zu beachten – und die der Pfleger. Wenn ein Delfin keine Lust hat mitzumachen, lassen ihn die Tierpfleger in Ruhe. Und wenn einer der Menschen schlecht drauf ist, übernimmt ein Kollege die Vorführung. »Wenn die Delfine merken, du bist nicht ganz auf der Höhe, dann versuchen die dich da draußen ein bisschen auszuspielen und anzutesten«, erklärt Ulf, »dann war's das auch für den Tag, dann brauchste auch keine Vorführung mehr machen. Dann kannste lieber im Keller irgendwelche Schrauben festdrehen.«

Ulf stellt den Futtereimer ab, pellt sich aus dem Ölzeug und wäscht seine Hände. Doch nach 22 Jahren hilft das nicht mehr. Der typische Delfinpflegerduft bleibt.

»Man riecht immer nach Fisch«, grinst er. »Wenn Besucher da sind und du gehst noch mal durch die Halle und dann die Treppen hoch, dann sacht jeder: ›Booooah, dat riecht aber hier nach Fisch!‹ – Ach ja? Man ist dat schon sehr gewöhnt. Und an den Händen isses am Schlimmsten. Selbst meine Frau sagt das noch ab und zu. Aber da kannste noch so gut waschen – und glaub mir: wir haben wirklich alles ausprobiert – Fischgeruch gehört dazu. Aber ich? Ich riech dat nich.«

Die Vorführungen im Delfinarium begeistern Groß und Klein

»Wir haben hier den schönsten Pausenraum Deutschlands.«

Wissenswertes über Delfinbabys

Delfinweibchen kommen 2-3 mal im Jahr in die Hitze, so nennt man bei ihnen die fruchtbare Zeit. Die Paarung findet dann bäuchlings aufeinander statt und dauert nur wenige Sekunden. War die Paarung erfolgreich, sind Pfleger und Tierarzt an der Reihe: Anhand von Blutproben und Ultraschalluntersuchungen versuchen sie, die Schwangerschaft festzustellen. Trotz ausgiebiger Deckakte führt nicht jede Hitze zum Erfolg; im besten Fall wissen die Delfinpfleger nach einigen Wochen, dass sie ein schwangeres Delfinweibchen haben. Jetzt beginnt eine lange Zeit des Wartens, die Tragzeit beim Großen Tümmler dauert etwa 11 ½ Monate. Zwei Monate vor dem grob errechneten Geburtstermin beginnen die Duisburger Delfinpfleger morgens und abends die Körpertemperatur aller schwangeren Delfinkühe zu messen – denn die fällt 24 Stunden vor der Geburt um nahezu 2 Grad Celsius ab.

Die Anzeichen einer bevorstehenden Geburt sind nicht zu übersehen: die Weibchen nehmen stetig an Körperumfang zu bis sie fast zu platzen scheinen. Irgendwann zum Ende der Schwangerschaft rutscht das Jungtier weiter in die Steißlage und die Milch schießt in die Zitzen ein. Wenn das Muttertier dann nicht mehr fressen möchte, ist das ein deutliches Anzeichen dafür, dass die Geburt kurz bevor steht. Unmittelbar vor der Geburt zeigen die meisten Delfinweibchen ganz deutliche Anzeichen von Wehenkrämpfen. Irgendwann platzt die Fruchtblase und recht schnell ist dann schon ein kleiner Teil der Fluke, der Schwanzflosse des kleinen Delfins, zu sehen. Man könnte sagen, die Delfinbabys kommen mit den Füßen zuerst auf die Welt. Im Mutterleib ist die Fluke zusammengefaltet und muss nach der Geburt erst aushärten; sie besteht nämlich nicht aus Knochen, sondern nur aus Bindegewebe. Weiter geht es dann mit regelmäßigen Presswehen, bis die Finne, so nennt man die Rückenflosse der Delfine, zu sehen ist. Auch die Finne besteht aus Bindegewebe und ist im Mutterleib noch an den Körper angelegt. Dann kommt die entscheidende Presswehe, das Delfinweibchen krümmt den ganzen Körper, sieht dabei aus wie ein gespannter Flitzebogen und das Delfinbaby kommt auf die Welt. Die Nabelschnur reißt und der ›kleine‹ Große Tümmler muss an die Wasseroberfläche, um Luft zu holen. Jetzt kommt alles auf die Mutter an, sie muss sofort auf das Baby aufpassen und es an ihre Seite holen. Delfinbabys können, obwohl sie im Wasser geboren werden, in den ersten Minuten sehr schlecht schwimmen und gar nicht steuern.

Nach einer guten halben Stunde kommen Mutter und Baby etwas zur Ruhe. Nun beginnen die Pfleger mit der Tauchzeiten-Kontrolle. Während der nächsten 50 Tage und Nächte stoppen sie einmal stündlich, wie lange das Baby die Luft anhalten kann. So können sie die Entwicklung des Delfinkindes beobachten. Der durchschnittliche Atemrhythmus liegt zwischen 30 und 40 Sekunden. Neben der selbständigen Atmung muss das Delfinkind aber noch etwas Lebenswichtiges lernen: Es muss bei der Mutter säugen. Delfinweibchen haben einen Säugeschlitz, in dem sich die Milchdrüsen befinden. Das Baby muss die Schnauze in diesen Säugeschlitz stecken, sein Maul ein kleines Stück öffnen, die Zunge wie zu einem Trinkhalm rollen und fest an die Zitze drücken. Delfinmütter besitzen die Fähigkeit, Milch mit einem speziellen Muskel aus der Zitze zu pumpen – kein anderes Säugetier kann das. In den ersten Lebenswochen sollte das Delfinkind ziemlich genau alle 20 Minuten säugen.

Wenn alles so perfekt abläuft wie hier beschrieben, hat das Baby die besten Voraussetzungen, mal ein großer Großer Tümmler zu werden.

Wenn sie grummeln, ist alles in Ordnung

Mittagsruhe liegt über dem Äquatorium, dem Bereich des Zoos, der Tiere zeigt, die rund um den Äquator leben. Mapema, Safiri und Momo haben es sich in der Gorilla-Freianlage gemütlich gemacht und kauen entspannt an halben Chicoreestauden. Vizuri liegt im Unterstand auf der Seite und döst. In den schwülwarmen Gängen des Gorillahauses hört man nur ein leises Kratzen. Stefan Terlinden ist nirgendwo zu sehen. Geht man dem Geräusch nach, findet man den Tierpfleger mit einer Bürste auf einem Sitzbrett. Putzend, in fast drei Metern Höhe. »In meinem Alter geht das noch«, sagt der 28-Jährige lächelnd, »aber wenn ich dann älter werde und überall die Gänge hoch kriechen muss, wird das sehr anstrengend.« Behände schwingt er sich auf den Boden.

Tierpfleger Stefan Terlinden mit dem zahmen Bartaffen Onyx

Stefan Terlinden hat mit Tieren zu tun, seit er denken kann. Er wuchs an der holländischen Grenze auf dem Land auf, inmitten der Natur. Die ersten Tiere, die er kennen lernte, waren Füchse oder Rehe. So ganz genau weiß er das nicht mehr. Von Wellensittichen fand er schnell zu weiteren Hausgenossen – darunter so ungewöhnliche Untermieter wie Kurzkopfgleitbeutler und Kängurus. Klar, dass Stefan irgendwann im Zoo landen würde. 2000 begann er seine Ausbildung in Duisburg.

Heute ist er hier Gorillaspezialist im Affenhaus. Und jetzt endlich fertig mit Putzen. »Die Hauptarbeit ist wirklich das stupide und teilweise auch doofe Saubermachen«, meint Stefan. »Aber muss ja sein, ganz klar, damit sich alle Tiere wohl fühlen – das ist das Wichtigste.« Zum Wohlfühlprogramm der Duisburger Flachlandgorillas gehört neben sauberen Käfigen und einer artgerecht gestalteten Außenanlage auch das, was Stefan als Nächstes vorhat. Per Fernbedienung öffnet er die Trennschieber nach Innen. »Mapema, Safiri, Vizuri, Momo – come on«, lockt der Tierpfleger. »Mo-mo, Vi-zuri, Sa-firi, Ma-Pema – come on in«. Stefan spricht fast ausschließlich Englisch mit den Tieren, damit sich die schwarzen Menschenaffen nicht an eine neue

> *»Viele gucken blöd, wenn ich auch so ein bisschen rumgrummel.«*

Sprache gewöhnen müssen, sollten sie einmal in einen anderen Zoo umziehen. Gorillas werden in Tiergärten bis zu 50 Jahren alt. Viele von ihnen wechseln mehrmals im Leben ihren Wohnort, um Zuchterfolge zu ermöglichen. Mapema kam im Oktober 2007 aus dem Zoo Paignton in England ins Ruhrgebiet, Safiri 2006 aus Adelaide/Australien. Für die Tiere ist es einfacher, wenn alle Pfleger Englisch sprechen.

Jetzt trotten die Gorillas gemächlich von ihren jeweiligen Sitzplätzen im Freien hinüber zum Haus. Innen hängt Stefan vier farbige Symbole an die Käfigtüren. Zeit für das ›Medical Training‹. Auf ein Klickgeräusch von Stefan hin, zeigen Mapema und seine Damen bestimmte Körperregionen am Gitter vor: Zähne, Hände oder Füße. Die Übungen schaffen Vertrauen zwischen Tieren und Pflegern. Gesundheitskontrolle und sogar kleine Eingriffe des Tierarztes können ohne Narkose durchgeführt werden. Stefan hat sich die Klicker-Methode bei Studienaufenthalten in australischen Zoos abgeschaut und nach Duisburg importiert. Mit großem Erfolg, wie die Zuschauer der Ruhrpott-Schnauzen erleben durften. Bis die sanften Riesen des afrikanischen Regenwaldes allerdings begriffen, was der klickernde Tierpfleger von ihnen wollte, ist viel Wasser die Ruhr hinunter geflossen. »Am Anfang habe ich die Tiere belohnt, wenn sie an einem bestimmten Platz saßen«, erklärt Stefan, »irgendwann haben sie begriffen: Wenn ich da sitze, dann klickt's und ich krieg Lecker.« Inzwischen wissen die Gorillas schon jede Menge Tricks mit denen sie während den Trainingseinheiten ›Lecker‹ kriegen können.

Es ist schwer, in den ernsten Gorillagesichtern so etwas wie ein Lächeln zu erkennen, trotzdem scheinen die Übungen den schwarzen Riesen Spaß zu machen. Wie zur Bestätigung lässt Mapema ein tiefes Brummen hören. Ein Laut wie aus dem schwarzen Herzen Afrikas, der unwissenden Zuhörern unangenehme Schauer ins Gebein treibt. Aber diese sonoren Gorilla-Töne, die für zivilisierte Ohren nach Gefahr und Bedrohung klingen, sind Ausdruck von Gemütlichkeit. »Wenn Gorillas grummeln, dann sind sie zufrieden, dann fühlen sie sich wohl, dann ist alles in Ordnung«, erklärt Stefan und stößt selbst einen leise rumpelnden Brustton aus. Aus nächster Nähe fühlt man sich als Beobachter dieser Szene gleichermaßen verwundert und berührt. »Viele gucken blöd, wenn ich auch so ein bisschen rumgrummel«, lächelt der Gorillafreund, »aber die Tiere wissen dann halt: beim Stefan ist auch alles in Ordnung, der grummelt auch, der ist auch zufrieden.« Spiele-

Ein Gorillaweibchen beim Frühstück

Die Duisburger Gorillas fühlen sich in ihrer Freianlage sichtlich wohl

risch und mit ruhiger Stimme führt der Tierpfleger seine Schützlinge durch die Übungen. So harmonisch verhält sich die Gruppe, dass sich die Tiere überaus schnell an die regelmäßigen Besuche verschiedenster Kamerateams gewöhnten.

»Am Anfang waren sie schon ein bisschen misstrauisch, aber das hat sich schnell gelegt«, sagt Stefan. »Selbst mit der Kamera haben wir ja nicht wirklich große Probleme gehabt.« Viele Tiere und insbesondere Affen reagieren anfangs skeptisch und teilweise aggressiv auf Fernsehkameras. Sie fühlen sich vom Objektiv beobachtet wie von einem großen schwarzen Auge. Das

Ein Gorilla auf Nahrungssuche im Außengehege

kleine Rotlicht oberhalb der Linse sorgt normalerweise für zusätzliche Irritation. Nicht so in Duisburg. Und wenn die Gorillagruppe doch zu nervös wirkte, brach Stefan den Dreh einfach ab.

Meistens aber hatten die Ruhrpott-Schnauzen ihren Spaß, und auch die Gorillas kamen regelmäßig auf ihre Kosten. Besonders Mapemas Vorgänger Catou war ein Meister darin, die Filmleute erst in Sicherheit zu wiegen und dann hinterrücks zu erschrecken. Stefan grinst von einem Ohr zum anderen, als er sich an diese Situationen erinnert. »Der Catou hat die Dreharbeiten immer sehr genossen. Der hat hier gesessen, friedfertig wie immer, und hat sich alles angeguckt«, erzählt der Tierpfleger glucksend vor Lachen. »Und dann isser plötzlich gegen das Gitter gesprungen und hat die Leute fast zu Tode erschreckt.« Wie zum Beispiel einen Kameramann der Ruhrpott-Schnauzen, der Catous Gefährtin Dorle im Käfig gegenüber filmte. Vorwitzig hakte der alte Silberrücken einen dicken Gorillafinger in die Gürtelschlaufe des filmenden Journalisten und zog einmal kräftig. Mit großer Mühe konnte sich der Filmemacher zusammenreißen; fast hätte er sein hochempfindliches Arbeitsgerät fallen gelassen.

Alle Mitarbeiter des Affenhauses kämpften mit einem Kloß im Hals, als Catou und Dorle den Duisburger Zoo verließen, um in ihren Altersruhesitz nach Spanien zu ziehen. »Das sind zwei Duisburger Urgesteine gewesen – als ich hier angefangen hab, war Catou ja schon fast 30 Jahre da«, erläutert Stefan. »Das war ein ganz großer Schnitt im Affenhaus und für die Pfleger hier sehr hart.« Stefan begleitete sein ehrwürdiges Gorillapärchen bis zu seinem neuen Gehege im Zoo von Valencia. »Als ich feststellte, dass dort zwei der besten Gorillapfleger Spaniens arbeiten, war ich schon sehr erleichtert«, sagt Stefan. »Klar, fiel mir der Abschied schwer, aber ich habe mich auch gefreut, Catou und Dorle in so guten Händen zu wissen.«

Jetzt freut sich Stefan auf die neue Gorilla-›Ära‹ im Duisburger Zoo. Denn Mapema und Safiri wurden mit eindeutigen Absichten ins Ruhrgebiet geholt. »Mit unseren alten Tieren hat das ja leider mit Jungtieren nicht geklappt«, sagt Stefan, »aus welchen Gründen auch immer. Aber ich glaube, dass wir auf dem richtigen Wege sind und hoffentlich bald ein kleines Gorilla-Baby bekommen.« Gut möglich, dass Stefan mit seiner Prognose Recht behält. Die Pfleger haben bereits beobachtet, dass sich Mapema und Safiri glänzend verstehen – in jeder Beziehung.

»Damit sich alle Tiere wohl fühlen – das ist das Wichtigste.«

Üben bis der Arzt kommt

Klick. Stefan Terlinden nimmt das Thermometer aus dem Ohr seines Schützlings. Mapema, ein westlicher Flachlandgorilla, beginnt wohlwollend zu grummeln. Er weiß, was ihn erwartet. Der Tierpfleger zieht ein Leckerli aus der Tasche. Mapema hat kein Fieber. Ohnehin ist die tägliche Visite nur Übung. Die Gesundheit der Zootiere wird regelmäßig von einem Tierarzt kontrolliert. Damit diese Begegnung zwischen Mensch und Tier harmonisch verläuft, simulieren Tierpfleger beim so genannten Medical Training eine tierärztliche Untersuchung. Die Tiere lernen, verschiedene Körperteile zu zeigen und gewöhnen sich an den Körperkontakt.

Im Medical Training wird meist mit einem Klicker gearbeitet. Dieser funktioniert nach dem Prinzip des Knackfrosches, ein Kinderspielzeug bei dem ein Blechstreifen beim Biegen ein Knackgeräusch erzeugt. Das Klickertraining basiert auf dem Prinzip Lernen durch positive Verstärkung. Die Reihenfolge ist einfach: Handlung, »Klick«, Belohnung. Diese Kommunikation ermöglicht ein präzises Arbeiten und das Einstudieren komplexer Verhaltensmuster. Im Gegensatz zur menschlichen Stimme ist das Geräusch emotionsfrei, immer gleich und kann nicht zufällig auftreten.

Die Gorillas lernen zum Beispiel, ihre Schulter zu präsentieren und ruhig sitzen zu bleiben. Dies ist nötig, falls sie eine Spritze bekommen müssen. In dem Moment, in dem das Tier das Klicken hört, weiß es, dass seine Handlung »richtig« ist und eine Belohnung folgt. In diesem Fall eine leckere Erdnuss.

Schritt für Schritt wird das gewünschte Verhalten eingeübt. Der Pfleger überlegt sich einen Arbeitsschritt und unterteilt den Ablauf in einzelne Teilschritte. Zuerst werden Ansätze wie beispielsweise das Drehen des Körpers in die gewünschte Richtung belohnt. Dann versuchen die Pfleger, die einzelnen Sequenzen zu verknüpfen. Beim Zähnezeigen beispielsweise muss der Gorilla zunächst lernen, sich an einen bestimmten Platz zu setzen. Das Tier versteht, wie Tierpfleger Terlinden es ausdrückt: »Wenn ich da bin, krieg ich lecker.« Das wird so weit ausgebaut, bis sich das Tier bei einem Zeichen auf diesen Platz setzt und wartet. Der erste Schritt ist gemacht. Doch wie bringt man einem Gorilla bei, dass man in sein Maul schauen möchte, ohne gebissen zu werden? Mit viel Geduld und Leckerlis schafft es der Pfleger vorsichtig den Mund zu berühren. Klick. Nach vielen Übungsstunden muss der Pfleger nur noch zwei Finger spreizen: »Show me your teeth«, und der Gorilla bringt sich in Zahnarztposition.

Für die Tiere bedeutet dies ein stressfreies und angstloses Umgehen mit Pflegern und Veterinären. Betäubungen, die besonders bei Menschenaffen problematisch sein können, werden vermieden. Immer wieder entstehen bei der Arbeit neue Muster. Aufmerksame Tierpfleger belohnen auch spontanes Verhalten der Tiere, das vielleicht später in einen konditionierten Ablauf integriert werden kann. Auch der Pfleger muss lernen, im richtigen Zeitpunkt zu klicken. Aber selbst lang Einstudiertes klappt nicht immer. Manchmal grummeln die Gorillas nicht so freundlich vor sich hin, sondern haben einen schlechten Tag. Wichtig ist, dass das Training mit einer Übung beendet wird, die die Tiere besonders gut beherrschen, damit der positive Effekt verstärkt wird. Dann gibt es noch mal ein Leckerli und die Tiere wissen, sie haben alles richtig gemacht.

Von Klein auf ein Fisch-Mann

Uli Kluckner unter Wasser

Auf der Suche nach Uli Kluckner kann man schon mal einige Meter vergeblich zurücklegen. Hinter den Kulissen des Duisburger Aquariums befindet sich eine Vielzahl von Gängen und Räumen, voll gestopft mit Filtertechnik und Wasseraufbereitungsanlagen. Kurioserweise scheint jeder dieser Räume zwei Ausgänge zu besitzen und je länger man forscht, desto hartnäckiger will das Gehör am anderen Ende der Räumlichkeiten Schritte oder andere Geräusche wahrgenommen haben.

Man beginnt sich einzureden, dass der Aquarianer die ganze Zeit ein raffiniertes Versteckspiel treibt. Das ist natürlich Unsinn, denn während man hilflos seinen suchenden Blick über den Innenhof des Rio Negro-Gebäudes schweifen lässt, ertönt Ulis Stimme aus einem Fenster im ersten Stock: »Da biste ja endlich, wo warste denn die ganze Zeit?« Und der fast schon verzweifelte Reporter erspäht ein breites Grinsen im wie immer unrasierten Gesicht des Tierpflegers.

Uli Kluckner ist neben Revierleiter Peter Schulz der zweite Mann im Duisburger Aquarium, in dem nicht nur Kiemenatmer, sondern auch mehrere Schildkrötenarten sowie Zwerg- und Riesenotter leben. Die letztgenannte Art ist den Ruhrpott-Schnauzen vor allem wegen ihrer seltsamen und nach kürzester Zeit nervtötenden Schreie bekannt. Genau wie sein Kollege gehört Uli zum Aquarium wie Kiemen zu einem waschechten Fisch.

»Mich hat's schon immer zum Wasser hingezogen, von kleinst auf«, berichtet der Tierpfleger. »Quappen, Molche, dann Fische suchen, aber nicht im Aquarium natürlich, im Eimer. Mittachs dann regelmäßig Beerdigung, weil das natürlich nicht ging, so viele Tiere im kleinen Eimer. Das hat sich dann einfach weiter entwickelt und einen Bach gab es immer in der Nähe.« In den Zoo kam der wasserbegeisterte Duisburger allerdings über einen kleinen Umweg: Seine Mutter bestand darauf, dass der Sohnemann erst einen ordentlichen Beruf erlernt, bevor er sich ganz seiner Leidenschaft hingibt.

Im Aquarium leben auch zahlreiche Schildkrötenarten

»Wenn man mal in der freien Wirtschaft arbeitet, sieht man andere Gewerke, dann lernt man ordentlich und pünktlich zu arbeiten«, sagt Uli. »Es war ganz gewiss kein Nachteil für mich, dass ich erst später in den Zoo gekommen bin.«

Das war 1974 und Uli kam als Maler und Lackierer in den Zoo, weil seine damalige Firma die neu erbauten Zoo-Terrassen farblich gestaltete. Klar, dass der junge Herr Kluckner jetzt seine große Chance witterte. Er nutzte die Nähe zu seinem Traumberuf, sprach bei der Zoo-Leitung vor und konnte noch im gleichen Jahr seine Lehre als Tierpfleger beginnen. »Ich hab gleich

Riesenschildkröten beim Tête-à-tête

im ersten Gespräch mit dem Direktor klar gemacht, dass ich ins Aquarium wollte«, erzählt Uli, »weil ich ja schon immer ein Fisch-Mann war. Und als dann nach drei Jahren Lehre der alte Pfleger ausschied und der Peter das Revier übernahm, hat er mich als zweiten Mann an Bord geholt.«

Seitdem rennen die beiden gemeinsam durch die mysteriösen Gänge hinter den großen Wasserbecken. Dort müssen sie anders als in anderen Revieren nicht nur auf die Tiere sondern ebenso auf die Technik achten. Denn schon der kleinste Fehler, eine minimale Veränderung oder auch nur eine falsche Glühbirne in der Beckenbeleuchtung, kann verheerende Folgen für das Wohlbefinden der Salz- und Süßwasserbewohner nach sich ziehen.

»Das ist ähnlich wie im Weltraum«, erläutert Uli, »wenn du Astronauten nach oben schießt, dann sitzen die da oben in ihrer Kugel und hoffen, dass die unten alles richtig machen. Macht die Bodenstation alles falsch, verbrennste da oben. Machen wir was falsch am Aquarium, gehen alle Fische kaputt. Die Tiere können nix dafür, die sind uns ausgeliefert.«

Nach mehr als 30 Jahren im Aquarium bereitet Uli Kluckner diese besondere Verantwortung allerdings keine schlaflosen Nächte mehr. Im Gegenteil. »Falschbewegungen bei den Fischen oder trübe Augen, ne, das siehste alles. Du hörst Geräusche, kombinierst das mit deinen Augen, und weißt sofort, da is' was nicht in Ordnung. Egal ob das ein Fehlverhalten der Tiere ist oder irgendeine Pumpe so'n bisschen falsch plätschert. Es gibt hier halt keine Störmelder, die sagen: da ist die Temperatur zu hoch, oder: da ist das Salz zu niedrig, oder: da läuft Wasser durch die Wand – das erledigen wir Aquarianer, weil wir dieses Haus auch lesen können. Wir wissen, ohne dass irgendwas aufblinkt, ohne dass irgendwas sich selbständig meldet: Hallo, da ist was faul.«

Uli macht sich auf den Weg nach draußen, um weitere Bewohner des Reviers zu versorgen. Denn in den letzten Jahren ist das Revier stetig gewachsen. 2001 entstand ein Haus für die seltenen Seychellen-Riesenschildkröten, 2005 eröffnete die faszinierende Tropenhalle Rio Negro und 2007 konnte die großzügige Außenanlage für europäische Landschildkröten eingeweiht werden.

Die neuen Bereiche bedeuten für die Aquarianer zunächst einmal mehr Arbeit, aber es lohnt sich. Gerade die Außenanlage bietet inzwischen diversen Schildkrötenarten eine Heimat, darunter auch zahlreiche Exemplare,

»Machen wir was falsch am Aquarium, gehen alle Fische kaputt.«

die von privaten Haltern abgegeben werden. »Manchmal weisen diese privat gehaltenen Tiere starke Deformationen am Panzer auf«, sagt Uli ernst, »meistens ein Zeichen falscher Ernährung.« Besonders stolz ist der 53-Jährige auf zwei griechische Landschildkröten. »Das sind zwei Weibchen, die mehr als 40 Jahre in Privatbesitz waren«, schwärmt er, »weibliche Tiere in dem Alter kann man nirgendwo kaufen, es gibt fast nur noch männliche Jungtiere auf dem Markt.« Wenn alles gut geht, will Uli mit den gepanzerten Damen eine Zucht aufbauen. Denn die griechischen Echsen sind – nach Schildkröten-Maßstäben – im besten Alter.

Momentan leben 30 Landschildkröten vier verschiedener Arten im Duisburger Zoo. Dazu kommen fünf Riesenschildkröten, von denen drei Tiere allerdings nur vorübergehend am Kaiserberg leben – und dahin ist Uli nun mit einem kleinen Berg Salat unterwegs. »Einstein, Hemingway und Brötchen – so nennen wir die kleinste Riesenschildkröte – wohnen eigentlich in Heidelberg«, erklärt Uli, »aber weil das dortige Gehege momentan umgebaut wird, besuchen sie so lange ihre Kumpels ›Rüdiger‹ und ›Nummer drei‹ bei uns im Zoo.« Die riesigen Echsen fühlen sich im Ruhrgebiet sehr wohl, was man daran sieht, dass sie schon ordentlich an Gewicht zu gelegt haben. Selbst Brötchen, die Kleine, wie sie Uli liebevoll ruft, wiegt deutlich über 100 Kilogramm.

Kaum hat der Tierpfleger das Futter abgestellt, machen sich die Schildkröten auch schon über das Grünzeug her. In kürzester Zeit – viel schneller als man bei Schildkröten vermutet – haben die Tiere ihr Gehege in ein salatübersätes Schlachtfeld verwandelt. Uli Kluckner lächelt nur und macht sich auf den Weg zurück ins Aquarium. Tatsächlich kann man jetzt beobachten, wie scharf und prüfend der Blick des ›Fisch-Mannes‹ über die einzelnen Becken wandert. Es scheint alles in Ordnung zu sein – Uli hat bei keinem Bassin angehalten. Zufrieden wirft er einen Blick auf die Technik hinter dem Riffbecken.

Keine Frage, der Mann gehört hierher, in die zoologische Unterwasserwelt. Überflüssig zu fragen, ob ihn auch ein anderes Revier interessiert hätte. »Wenn ich mal drei Wochen Urlaub habe und dann hierher zurück komme, dann stelle ich fest: Das Geblubber, das Plätschern, das Wasser, die Vielfältigkeit, die Vielschichtigkeit, das alles hat mir gefehlt. Beantwortet das Deine Frage?«

»Mich hat's schon immer zum Wasser hingezogen.«

»Fisch-Mann« Uli Kluckner mit einer Riesenschildkröte

Tödliche Langlebigkeit

»Ba Ba.« Dies ist kein frühkindlicher Ausdruck eines Babys, das auf seinen Vater zeigt. Das ist der Laut, den manche Gäste in vietnamesischen Restaurants von sich geben. »Ba Ba« bedeutet Schildkröte. Eine Delikatesse. Von der Ausrottung bedroht.

Asien gilt als der Hauptumschlagsplatz im Schildkrötenhandel. Die Wildtiere kommen aus Vietnam, Laos und Kambodscha, die Grenzbeamten schauen höflich weg, bis die Ware in China und anderswo auf den Teller kommt. Geschätzte 20 Millionen Schildkröten werden jährlich allein in China verspeist. Der Schildkrötenschmuggel ist ebenso gut organisiert wie der Drogenhandel. 67 von 89 Schildkrötenarten Asiens sind akut vom Aussterben bedroht. Jedes Jahr kommen weitere auf die rote Liste. Denn der Handel floriert. Besonders begehrt und daher kurz vor der Ausrottung ist die Dreistreifen-Scharnierschildkröte. Auf asiatischen Heilmärkten werden 1200 Dollar pro Kilo bezahlt. Und auch die Golden Coin Turtle hält, was sie verspricht.

Tragischerweise sind es gerade ihre besonderen Fähigkeiten, die den Schildkröten zum Verhängnis werden. Aufgrund der langen Lebensdauer vieler Arten gelten Schildkrötenprodukte asiatischem Aberglauben zufolge als Garanten hohen Alters.

Die »Tausend Jahr Schildkröte« *(Orlitia borneensis)* zum Beispiel wird bis über 100 Jahre alt. Wenn sie nicht vorher in einem der Fangnetze endet. Diese Tiere werden wie viele Schildkrötenarten erst spät geschlechtsreif und können mit ihrem Nachwuchs die immensen Wildfänge nicht im Mindesten ausgleichen.

Die ständige Paarungsbereitschaft der Tiere verklärte Schildkrötenfleisch zum Aphrodisiakum. Eine kraftstrotzende Libido scheint neben einem langen Leben der Menschen wichtigster Wunsch zu sein. Den Produkten aus Fleisch und Panzer des Tieres werden sogar krebsheilende Wirkungen zugesprochen – bisher konnte allerdings nicht eine einzige wissenschaftliche Studie diesen Effekt belegen.

Der Panzer vieler Schildkrötenarten ist besonders schön und landet häufig als Schmuckkästchen und Kettenanhänger in den Souvenirshops, obwohl der Handel mit Schildpattprodukten seit Jahren verboten ist. Vielen Tieren wird zu diesem Zweck bei lebendigem Leib ein Stück aus dem Panzer geschnitten.

Neben den ausgewachsenen Reptilien sind besonders deren Eier gefährdet. Sie gelten als Delikatesse und Medizin zu gleich. Für die verarmte Bevölkerung vieler asiatischer Staaten bedeuten Schildkrötengelege leicht verdientes Geld. Doch der illegale Handel mit Schildkrötenprodukten ist kein rein asiatisches Problem mehr.

Die Kreise des Handels ziehen sich bis nach Deutschland. Bereits 1999 wurden allein auf dem Frankfurter Flughafen 1018 Schildkröten sichergestellt. Weltweit sind über zwei Drittel aller Land- und Süßwasserschildkröten schutzbedürftig. 25 Arten stehen laut dem internationalen Schildkröten Rettungsfond kurz vor der Ausrottung.

Die ersten Schildkröten lebten bereits auf der Erde, bevor die Zeit der Dinosaurier anbrach. Es ist an uns, dass sie auch das Zeitalter der Menschen überleben.

Ein Tierpflegerleben

Wie viele meiner Kollegen wusste ich früh, dass ich Tierpfleger werden wollte. Eigentlich war das von Anfang an klar. Meine Großeltern mütterlicherseits kamen aus Brandenburg an den Niederrhein. Dort habe ich die schönste Zeit meiner Kindheit verbracht. Es gab für mich nichts Schöneres, als mit meinem Opa Stunden im Wald zu verbringen und Tiere zu beobachten. Er hat mir die Liebe zu Tieren nicht nur vererbt, sondern regelrecht beigebracht. Mein anderer Opa war von Beruf »Klüngelspitt«, wie man hier sagt – Schrottverwerter. Damals wurde das Altmetall noch mit dem Pferdefuhrwerk abgeholt. Schon als Dreijähriger saß ich oft neben Großvater auf dem Kutschbock und durfte auch oft selber die Zügel halten, wenn er auf seiner kleinen Metallflöte spielte, um auf uns aufmerksam zu machen. Schnell war mir klar, dass für mich nur ein Beruf mit Tieren in Frage kommt. Ich wollte Förster werden.

Tierpfleger Martin Albertz
inmitten seiner Rentiere

1977 musste ich mir als Achtklässler eine Praktikumsstelle suchen. Mit 13 Jahren war ich aber leider noch zu jung für eine Arbeit im Mülheimer oder Duisburger Forst. Aber es gab ja noch den Zoo in Duisburg. Weil in unserer fünfköpfigen Familie das Geld oft knapp war, konnten wir uns nur selten den Eintritt leisten. Deshalb sind wir häufig mit den Fahrrädern dorthin gefahren und haben von außen die Kragenbären am alten Eingang besucht. Und jetzt hatte ich das große Glück, hier einen Praktikumsplatz zu ergattern.

1979 machte ich meinen Schulabschluss: Klasse 9 mit Qualifikation. Eigentlich wollte ich die 10. Klasse noch hinterher schieben, aber seit meinem Praktikum wollte ich nur noch eins: Zurück in den Zoo! Schon damals gab es viele Bewerber für die Ausbildungsplätze – und eine einfache, aber wirkungsvolle Methode, die richtigen Kandidaten auszusieben. Jeder musste für drei Wochen zur Probe arbeiten – danach war klar, wer das harte Pensum schafft und wer nicht. Man hat mich ganz schön hart ran genommen, aber

»Manche Menschen denken, als Tierpfleger sitzt man den ganzen Tag im Gehege und streichelt seine Schützlinge.«

am Ende hatte ich es geschafft und durfte am 6. August 1979 meinen Lehrlingsvertrag unterschreiben. Rückblickend muss ich sagen, es war eine sehr schöne aber auch knochenharte Ausbildungszeit, die mich als Mensch und als Tierpfleger geprägt hat. Schon damals haben mich die Tiere im Robbenrevier beeindruckt. In Vielfältigkeit und Artenreichtum war dieser Bereich einzigartig.

1982 habe ich dann meine Tierpflegerprüfung absolviert, wurde als Springer in vielen Bereichen des Zoos eingesetzt, aber immer schon schwerpunktmäßig im Robbenrevier. Seit Herbst 1982 darf ich hier als stellvertretender Revierleiter arbeiten.

Immer wieder werde ich gefragt, ob Tierpfleger ein »Traumberuf« ist. Ja, das ist er. Aber man darf sich keine falschen Vorstellungen machen: Man wird nicht nach zehn Jahren Millionär sein. Wie in allen Pflegeberufen arbeitet man auch als Tierpfleger an Wochenenden und Feiertagen, und oft ist nach acht Stunden noch lange nicht Feierabend. Auch die Pausen werden dann gemacht, wenn wichtige Arbeiten erledigt sind und nicht zu den Zeiten, die der Arbeitsvertrag vorschreibt. Manche Menschen denken außerdem, als Tierpfleger sitzt man den ganzen Tag im Gehege und streichelt seine Schützlinge. Schön wär's! 80 Prozent der Arbeiten sind Reinigungsarbeiten, bei denen es stinkt und man sich dreckig macht. 15 Prozent haben mit Futtervorbereitung oder Fütterung zu tun. Die restlichen fünf Prozent bleiben für Beobachtungen und Training mit den Tieren.

Damals wie heute muss man im Zoo hart anpacken, um seine Arbeiten zu erledigen. Manches hat sich aber doch zum Vorteil entwickelt, so zum Beispiel das Befüllen des Seelöwenbeckens mit Salz. Noch vor sieben Jahren haben wir Pfleger eine Tonne Salz, verpackt in Säcken zu 50 Kilo, auf den Schultern bis auf den Beckenrand getragen, dann über die Kante geworfen und schließlich im Becken die Säcke aufgeschnitten und ausgeleert. Heute besitzt das Seelöwenbecken eine moderne biologische Filteranlage. Beim Befüllen mit Salzsole wird lediglich an zwei Zulaufhähnen gedreht – eine enorme Entlastung für uns.

Selbstverständlich dienen alle unsere Arbeiten dem Wohlergehen der Tiere. Schon bei der ersten Kontrolle am Morgen, merkt ein aufmerksamer Tierpfleger, ob etwas ungewöhnlich ist. Alle Tiere zeigen mit ihrer Reaktion auf die Begrüßung an, ob alles normal ist oder nicht. Wer seine Tiere ›lesen‹

Ein Arktischer Wolf im Robbenrevier

Rentiere sind die einzige Hirschart, bei der beide Geschlechter Geweihe tragen

Martin Albertz führt Rentier George spazieren

kann, ist klar im Vorteil. Und sieht schon an kleinsten Veränderungen, ob etwas nicht stimmt – und sei es nur, dass die Tiere ihre Ohren hängen lassen. Auch umgekehrt – und das weiß ich aus eigener Erfahrung – erkennen die Tiere den Gemütszustand des Pflegers sofort. Ein gereizter Tierpfleger, der am Morgen mit dem falschen Fuß aufgestanden ist, wird es sehr schwer haben, eine vernünftige Trainingseinheit mit den Seelöwen zu absolvieren. Die sensiblen Tiere spüren genau, was los ist und meiden den engen Kontakt.

Andererseits muntern dich die Tiere auch auf, wenn du niedergeschlagen bist. Schon oft habe ich mich ins Rentiergehege zurück gezogen, weil ich Ruhe brauchte – ich konnte mich immer darauf verlassen, dass Rentierbulle George und die anderen zu mir kamen, mich beschnüffelten und sofort wussten, was los war. Dann nahm mich die Herde in die Mitte, beschützte mich sozusagen vor den Sorgen des Alltags und ließ mir wieder warm ums Herz werden. Wenn man einmal »infiziert« ist von dem Miteinander, dann nimmt diese tierische Faszination kein Ende.

Für jeden Tierpfleger ist es wohl das allergrößte, einmal seine Schützlinge in freier Natur erleben zu können. In meinem Fall hat sich dieser Wunsch noch nicht erfüllt, aber wie heißt es? Sag niemals nie! Es müssen ja nicht gleich die Seelöwen in Kalifornien oder die Pinguine in Südafrika sein. Die Rentiere und Wölfe haben es mir angetan. Auch eine Fahrt mit den Schlittenhunden durch die Wildnis, das sind die Dinge, die ich mir wünsche und auch hoffentlich bald realisieren kann.

Martin Albertz, Tierpfleger

Wie die Rentiere vor den Schlitten des Weihnachtsmannes kamen

Im Jahre 1822 musste der amerikanische Sprachforscher Clement Clarke Moore ein Problem lösen, vor dem wohl fast jeder Familienvater irgendwann einmal steht. Seine Kinder hatten ihn nämlich gefragt, wie es der Weihnachtsmann schafft, allen Kindern der Welt gleichzeitig Geschenke zu bringen. Seine Lösung: Der Literat erdachte eine Geschichte, die seine Kinder begeisterte und die Weihnachtsbräuche der westlichen Welt bis heute prägt. Moore hatte jahrelang Sitten und Gebräuche asiatischer Nomaden studiert und war auf seinen Reisen bis nach Nordsibirien vorgestoßen. Viele Völker dieser unwirtlichen Region leben seit Generationen mit und von Rentieren. Die genügsamen Paarhufer liefern den Menschen fast alles, was sie zum Leben brauchen: Fleisch und nahrhafte Milch, Pelze und Leder für Kleidung und Zelte, Knochen und Geweihe, um Werkzeug und Schmuck herzustellen. Verständlich, dass einige dieser Stämme den großen Rentiergeist als Hauptgott verehren. In der Tat leiten auch heute noch die Rentierherden ihre Hirten und nicht umgekehrt. Auf die tierischen Erzeugnisse angewiesen, folgen die Nomaden ihren Rentieren auf der Suche nach Futter. Gerade im Winter bleibt im eisigen Klima der Tundren nur wenig zur Ernährung der Pflanzenfresser übrig. Immerhin, die Rentier-Leibspeisen Moose und Flechten kann man ganzjährig finden, wenn man weiß, wo man suchen muss. Um ihre Nahrung unter der dichten Schneedecke aufzuspüren, unternehmen die Herden lange Wanderungen, oft über hunderte Kilometer. Denn die leckeren Flechten wachsen gerade ein mal fünf Millimeter im Jahr. Die Rentiere müssen also in jeder Saison neue Weideplätze finden. Auch in unseren modernen Zeiten gibt es Völker, die seit je her ihr ganzes Leben nach den Rentieren ausrichten. Einer dieser Nomadenstämme in der nördlichen Mongolei heißt »Tsaaten«, was übersetzt ›Rentiermenschen‹ bedeutet.

Die nordischen Paarhufer sind auf das Leben in Eis und Schnee hervorragend vorbereitet: Ihr dichtes Fell besteht aus luftgefüllten Haaren, die außerdem zur Spitze hin dicker werden. Dichte Unterwolle schützt zusätzlich vor eisiger Kälte. Die Hufe besitzen eine Spannhaut, um die Auflagefläche zu erweitern. Das hilft beim Laufen auf Schnee und Morast. Haare an der Nasenkuppe sorgen dafür, dass auf der Suche nach der begehrten Flechtennahrung keine Eiskristalle in die Atemwege gelangen. Rentiere sind die einzige Hirschart, bei der beide Geschlechter Geweihe ausbilden. Anders als oft angenommen dient der Kopfschmuck nur als Waffe bei Paarungskämpfen und nicht zur Nahrungssuche im Schnee. Männliche Rentiere werfen ihren Kopfschmuck nämlich bereits im Herbst ab und könnten gar nicht mit dem Geweih im Schnee nach Flechten kratzen, wie es oft erzählt wird. Die Weibchen behalten ihr Geweih bis zur Geburt der Kälber im Frühjahr.

Doch zurück zu Mister Moores Weihnachtsgeschichte: Der kluge Mann benutzte seine Beobachtungen, um für seine Kinder ein modernes Märchen zu ersinnen. Er erzählte ihnen, dass der Weihnachtsmann jedes Jahr ausgesuchte Rentiere vor seinen Schlitten spannte, weil diese Tiere immer den richtigen Weg wüssten. Und weil bei den Rentier-Menschen wohlwollende Himmelswesen die menschlichen Behausungen durch den Rauchabzug betreten, kommt in westlichen Ländern der Weihnachtsmann durch den Kamin gekrochen. Seit Clement Clarke Moores Geschichte. Fliegen können Rentiere allerdings noch nicht.

»Sach ma' Helmut Bescheid!«

Der Mann für alle Fälle: Helmut Schulz

Immer wenn im Duisburger Zoo irgend etwas kaputt geht, nicht mehr ordentlich funktioniert oder neu angebracht werden muss, hört man die Mitarbeiter sagen: »Sach ma Helmut Bescheid. Der muss heute noch kommen.« Gemeint ist Helmut Schulz, nach eigener Aussage Vorarbeiter des Unternehmens, für die anderen Zoomitarbeiter: der Mann für alle Fälle.

Jeden Abend versammeln sich die Handwerker, Gärtner und Schlosser des Zoos auf dem Betriebshof und erhalten von Helmut die Aufträge für den nächsten Tag. »Leider passiert dann nachts oder morgens häufig etwas, um das wir uns gleich kümmern müssen. Dann kommt ein Tierpfleger und sagt: hier ist was kaputt; ein anderer sagt, bei uns is' schon was seit letzte Woche kaputt und ein Dritter ruft beim Chef an und sagt, hier is' schon seit einem Jahr was kaputt – und immer so weiter. Es kommt eigentlich immer was dazwischen. Da muss man Durchhaltevermögen besitzen.« Heute früh hat schon Revierleiter Werner Tenter angerufen. Der Zweitschlüssel zum Giraffenhaus ist abgebrochen – ein leichter Auftrag. Da saß Helmut noch im Auto, auf dem Weg von seinem Wohnort nahe der holländischen Grenze zum Arbeitsplatz im Ruhrgebiet. Als er auf dem Betriebshof eintrifft, wissen die Schlosser schon Bescheid. Kaum hat sich Helmut umgezogen, klingelt schon wieder das Telefon. Das Kamelrevier ist dran und meldet Holzfäule in einem Stall. »Ja, guck ich mir an«, sagt Helmut in den Hörer. »Wir kommen ja eh gleich bei Euch vorbei und machen die Mistplatte neu.«

Als kleiner Junge kam Helmut Schulz regelmäßig patschnass nach Hause, weil er wieder in jedem Teich und in jeder Pfütze nach Lebewesen geforscht hatte. »Alles was im Wasser an Viechern lebt, Frösche, Fische, Lurche, hat mich schon immer fasziniert.« Schnell stand der Berufswunsch fest: Tierpfleger, am liebsten im Aquarium. Doch Helmuts älterer Bruder kam ihm zuvor. Peter Schulz begann 1964 seine Lehre im Duisburger Zoo, als Helmut gerade mal 14 Jahre alt war. »Für mich war klar: was der macht, mach ich nich';

mach ich auch nich' nach. Und da hab ich überlegt, was mir sonst noch Spaß macht.« Helmuts zweite Leidenschaft in jungen Jahren war das Basteln. Er entschied sich für eine Schreinerlehre. Aber zehn Jahre später kam er erneut mit dem Duisburger Zoo in Kontakt, und wieder spielte sein Bruder eine entscheidende Rolle. »Damals war ich gerade auf Montage. Eines Abends rief mich meine Freundin an und sagte mir: Wir sind jetzt verlobt.« Helmut lächelt listig. »Also richtig verlobt war ich nich', ne, aber ... es war was unterwegs. Und wenn man da wochenlang weg is', is' dat doof.« Auf der Suche nach einem Job in der Nähe seiner schwangeren Verlobten, erfuhr er, dass der Duisburger Zoo einen Schreiner suchte. Und ausgerechnet sein Bruder überredete den damaligen Zoodirektor, Helmut einzustellen. »So einfach ist das ja nicht hier einzusteigen: Familienmitglieder wollen die nämlich nicht gerne, die halten auch gegen den Chef zusammen. Aber ich glaub, inzwischen sind sie mit uns beiden zufrieden«.

Im Kamelrevier angekommen, begutachtet der schnauzbärtige Chef-Handwerker zunächst die faulen Stellen im ehemaligen Nyala-Stall und verspricht Revierleiter Mike Kirschner, sich so bald wie möglich darum zu kümmern. Gleichzeitig beginnt der Bautrupp, die Mistplatte des Reviers so umzubauen, dass kein Wisent- oder Kamelmist mehr auf den Besucherweg rutschen kann. Ein kurzer, prüfender Blick, ob seine Jungs auch richtig anpacken, dann saust Helmut auch schon in seinem dotterfarbenen Elektromobil zum nächsten Termin. Vor vier Jahren noch war der Karren als schneeweißer Wagen auf einem noblen Düsseldorfer Golfplatz im Einsatz – bis eines Tages der Motor streikte. Helmut hörte davon und fuhr mit zehn Zoo-Freikarten in der Tasche zum Golfplatz. »Sieben davon hab ich auf den Tisch gelegt und sieben haben auch gereicht – neu kostet so'n Ding 8–9000 Euro«, freut sich der Vorarbeiter. Gemeinsam mit den Kollegen machte er den Wagen wieder fahrtüchtig und ließ ihn knallgelb streichen. Die großen Tieraugen auf dem Bug des Fahrzeugs hatte er sich allerdings anders vorgestellt. »Ich wollte Tigeraugen drauf haben, die fand ich so schön ... Jetzt isset ne Eule oder so geworden – passt aber genauso zu mir: immer wachsam.«

Helmut hat einen feinen Sinn für Ironie und es hat die Mitarbeiter der Ruhrpott-Schnauzen schon ein wenig Zeit gekostet, bis sie Spaß und Ernst bei Helmut unterscheiden konnten. Etwa genau so lange, wie Helmut brauchte, um seine Nervosität vor der Kamera zu überwinden. »Die haben

»Dann kommt ein Tierpfleger und sagt: hier ist was kaputt.«

immer gefragt: ›was sagst Du dazu, Helmut?‹ Ja wat soll ich denn sagen, hab ich mir immer gedacht! Ich hab ja sowieso immer auf meinem Mund gesessen – mein Leben lang! Und plötzlich soll ich hier was erzählen – das liegt mir eigentlich gar nicht!« Anfangs kam es schon mal vor, dass Helmut plötzlich nicht mehr zu erreichen war. »Da hab ich einfach mein Handy ausgemacht, weil ich mich nicht getraut hab«, erklärt er reumütig.

Ein Jammer, hätten Fernsehen und Helmut nicht zueinander gefunden. Viele Geschichten der Ruhrpott-Schnauzen finden ihren logischen Anfang in Handwerksarbeiten; wenn Helmut und seine Jungs neue Anlagen errichten, bestehende Gehege artgerecht umbauen oder tierischen Ausbruchsversuchen Riegel, Baumatten und Netze vorschieben. Nicht selten tragen die Handwerker so zu Zuchterfolgen bei. Gerade die artgerechte Neugestaltung veralteter Gehege reizt Helmut. Er ist froh, dass die Zeiten gekachelter Einheitskäfige in Zoos vorbei ist, auch wenn moderne Gehegeplanung mit mög-

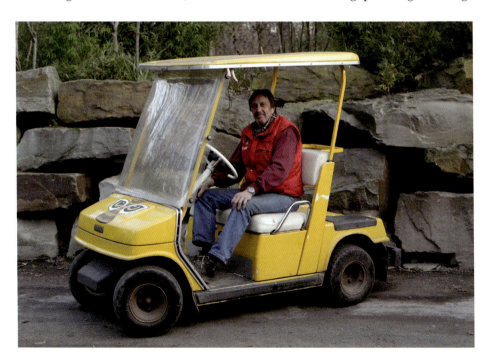

Das Elektromobil erstand der Zoo-Handwerker auf einem Golfplatz

lichst authentischen Materialien viel mehr von ihm verlangt als handwerkliches Geschick. »Die Schwierigkeit besteht darin, das zu gestaltende Gehege aus verschiedenen Perspektiven zu betrachten: Ich seh' das als Handwerker ja mehr aufs Tier bezogen – hoffentlich hauen sie da nich' ab, hoffentlich rennen sie da nich' weg, hoffentlich verunglücken die Viecher da nich', und so weiter. Aber ich muss das Gehege ja auch als Besucher sehen, ne. Ich stell mich dann vors Gehege hin und gucke mal, wie der Besucher das so sieht.« Nächster Halt auf Helmuts Tour ist das Affenhaus. Schon von weitem hat Erwin, der einarmige Gibbon den Handwerker erspäht. Wild hüpfend schreit er von der Gibboninsel herüber. »Na Erwin, freuste dich mich zu sehen?«, fragt Helmut den Affen mit einem feinen Grinsen. Die Laute des Affen bedeuten keineswegs Wiedersehensfreude. Erwin kann Helmut nicht besonders leiden. »Freundschaften mit Tieren gestalten sich für Handwerker schwierig«, erklärt Helmut, »wir sind ja immer die Krachmacher. Und das mögen die meisten Tiere gar nicht.«

Besonders Elefanten gelten als äußerst geräuschempfindlich. Schlimmer noch, merken sich die Dickhäuter genau, wer den Lärm zu verantworten hat. Der asiatische Elefantenbulle Sandai, der früher im Duisburger Zoo lebte, hatte Helmut regelrecht auf dem Kieker. »Immer wenn ich kam, hat der irgendwas nach mir geschmissen. Alles was er kriegen konnte und wenn es ein ganzer Strohballen war.«

Nachdem er Delfinarium, Bongo-Revier und Wolfsgehege einen Besuch abgestattet hat, fährt Helmut wieder zu den Kamelställen. Reviertierpfleger Mike Kirschner hat weitere Mängel entdeckt: Der Bodengrund im vorderen Bereich des Kamelgeheges muss ausgebessert werden. »Schaffen wir heute nicht mehr«, konstatiert Helmut. »Kommt auf die Liste, ganz oben«, verspricht er. Leerlauf kennt er nicht. Wenn seiner Handwerkertruppe wider Erwarten Zeit zur Verfügung steht, arbeitet er die seit Jahren akribisch gepflegte Mängelliste ab. »Da sind Millionen Sachen drauf – Millionen!« Für einen Moment wirkt Helmut sehr ernst. Doch dann lächelt er wieder. »Das würde ich gerne noch hier im Zoo erleben, dass ich alles fertig kriege, was da drauf steht. Aber das werde ich wohl nicht schaffen.« Wieder klingelt das Handy. »Schulz«, meldet sich der Vorarbeiter und lässt sich das nächste Problem schildern. Dann grinst er listig und sagt in den Hörer: »Geht klar. Ich sach schon mal dem Helmut Bescheid.«

»*Das würde ich gerne noch hier im Zoo erleben, dass ich alles fertig kriege.*«

Im ständigen Kampf gegen Tiger und Bären

Revierleiter Peter Strotmann
mit einem Lachenden Hans

Manche Karrieren beginnen ganz zufällig. Der Kraftfahrzeugmechaniker Peter Strotmann stand irgendwann Anfang 1975 im Duisburger Zoo und wunderte sich. »Da hab ich das erste Mal realisiert, dass es im Zoo ja auch Menschen gibt, die dort arbeiten«, erzählt der 58-Jährige. »Man hat ja früher Grzimek geguckt und plötzlich blitzte es in mir auf: Die Menschen, die mit Tieren arbeiten, die müssen was Besonderes sein. Da willst Du mitmachen, mitforschen, mitzüchten. Und der erste Schritt wird der Zoo Duisburg sein.« Wenige Wochen später schon konnte er seine neue Stelle im Duisburger Zoo antreten – als Hilfstierpfleger im damaligen kleinen Raubtierhaus. »Man ist damals relativ schnell und zügiger an einen Arbeitsplatz gekommen als heute«, berichtet Peter. »Es war was frei, man hat mich genommen und jetzt bin ich über 30 Jahre hier.«

Im Kindesalter hatte Peter Strotmann nicht mehr Kontakt zu Tieren als andere Menschen seiner Generation. Nutztiere im Stall bereicherten die Ernährung der Familie, Hauskatzen hatten sich eher um die Mäusejagd zu kümmern, als dass sie gestreichelt wurden, und als Highlight durfte der kleine Peter später ein Pärchen Zebrafinken halten. Keine Spur von der früh entwickelten Sammelleidenschaft vieler Kollegen. Als Peter Strotmann im Zoo anfing, wusste er nicht viel über Pflege, Zucht und Haltung wilder Tiere, aber er brachte eine gehörige Portion Begeisterung mit. Und er hatte Glück in den ersten Monaten mit einem versierten Kollegen zusammen zu arbeiten. »Rainer Barz hieß der, ein Tierpfleger ganz alter Schule, der hat mir unheimlich viel beigebracht.«

Wie wichtig sein Lerneifer war, wurde ihm nach nur einem Jahr schlagartig klar. Obwohl er immer noch offiziell Hilfstierpfleger war, wurde er in die Fasanerie zwangsversetzt – als Revierleiter. Für Peter Strotmann damals Ehre, Herausforderung und Strafe zugleich. »Ich hab mich erst mal geärgert«, gibt er zu und blickt auch bald 30 Jahre später noch sehr ernst, »ich wusste ja, dass ich den Bereich ganz alleine aufbauen musste. Man wird da rein geschoben nach dem Motto: ›So, jetzt mach ma.‹ Du musst dir alles selber raussuchen, rausprockeln und ausprobieren. Klar, manchmal können die Kollegen helfen, aber grundsätzlich fällst du erst mal ins kalte Wasser. Zu der Zeit hab ich Blut und Wasser geschwitzt, aber inzwischen bin ich ganz schön stolz auf das Erreichte.«

Nach dem ersten Schock begann der frischgebackene Revierleiter seine neue Stellung auf wissenschaftliche Füße zu stellen. Akribisch paukte er den notwendigen Stoff und bestand nach drei Jahren die Fachprüfung zum Tierpfleger vor der Industrie- und Handelskammer. »Ich wollte einfach ein Fundament für meine Arbeit haben«, sagt er heute. »Eingestellt worden bin ich ja ohne Ausbildung, aber so war es mir lieber.«

Inzwischen hat Peter Strotmann die Anfangsschwierigkeiten natürlich längst überwunden und widmet sich größeren Aufgaben. Besonders am Herzen liegt ihm das Image seines Reviers. Denn immer noch streifen viele Zoogäste auf der Suche nach den ›spektakulären‹ Tieren die Fasanerie nur

Blick in die Vogelaufzuchtstation des Duisburger Zoos

> »Tiger sind interessanter, Bären sind beeindruckender und so weiter.«

kurz mit ihren Blicken. »Man kennt das Problem«, klagt der Revierleiter, »Tiger sind interessanter, Bären sind beeindruckender und so weiter. Das sind auch Grzimek und seine Nachfolger ein bisschen schuld: Bei den großen Tierfilmern waren die Vögel höchstens Beipack: Ach, halten wir mal kurz die Kamera drauf, solange die Raubtiere schlafen – Löwen bei der Jagd bieten ja auch einfach mehr action als ein Vogelnest mit nackten, piepsenden Schlüpflingen. Das ist hier im Zoo genauso: Für die Besucher machen Delfine und Koalas mehr her.«

Um die Aufmerksamkeit der Besucher für die gefiederten Besonderheiten des Duisburger Zoos zu schärfen, möchte Peter das Revier umstrukturieren. »Mit Herrn Direktor Winkler haben wir angedacht, die Tiere geographisch zu sortieren – Europa, Afrika, Amerika und Asien. Außerdem wollen wir in der untersten Voliere Wat- und Seevögel ansiedeln, 'ne Sanddüne bauen und die entsprechende Bepflanzung drum herum arrangieren.« Zusätzlich sollen bestimmte Arten durch besondere Aktionen den Leuten näher gebracht werden. Denn manche Mitglieder der Duisburger Vogelschau fristen ganz zu Unrecht ihr Dasein außerhalb des Besucherinteresses – die Waldrappe zum Beispiel. »Die waren ja früher im gesamten südeuropäischen Raum heimisch, waren auch in den deutschen Alpen vertreten«, erzählt Peter mit leuchtenden Augen, »das weiß ja heute kaum einer mehr. Wir haben schon früh eine separate Voliere für die Waldrappe angelegt und schon zu Zeiten vom früheren Direktor Dr. Gewalt gute Nachzuchterfolge erzielt. Und das Thema bleibt ja spannend: Erst vor einigen Jahren haben die ersten Auswilderungsversuche in Europa geklappt.«

Peter Strotmann will sich langsam aus der Arbeit im Zoo zurückziehen, schon jetzt arbeitet er nur noch halbtags. Aber er hat sich schon einen Nachfolger ausgeguckt, der sein Werk fortführen könnte. Seit einem Jahr ist Andreas Uterhardt der zweite Mann in der Fasanerie. »Die Entscheidung liegt natürlich beim Direktor«, sagt Peter, »aber Andreas interessiert sich sehr für diesen Bereich und wenn ein junger Mann so viel Einsatz mitbringt und dann mit gestalten darf – da gibt es nix Besseres.« Der Revierleiter lächelt bei diesen Worten – wahrscheinlich weil er weiß, dass seinen Nachfolger fast genau so viel Arbeit erwartet wie ihn selbst, als er vor 30 Jahren seinen Dienst in der Fasanerie antrat. Aber Peter Strotmann hat dafür gesorgt, dass das Wasser dort längst nicht mehr so kalt ist wie einst.

Ein farbenprächtiger Fischerturako in der Fasanerie

Nach Italien ohne Navi

Wie finden Zugvögel ihren Weg in die Winterresidenzen? Sie orientieren sich u.a. an Flüssen, Gebirgen und anderen markanten Landschaftspunkten. Manche Arten geben die Routen fix und fertig genetisch an den Nachwuchs weiter. Andere zeigen ihren Jungen die Strecke auf ihrem ersten Flug nach Süden. Was aber passiert, wenn eine in unseren Breiten seit Jahrhunderten ausgestorbene Art wieder angesiedelt wird, ohne dass die Tiere jemals die Reiseroute in den Süden kennen gelernt haben? Ganz einfach: Man muss ihnen den Weg zeigen.

Unsere Vorfahren kannten den Waldrapp als zutraulichen Vertreter der heimischen Vogelwelt. Die majestätische Ibisart war einst im ganzen Alpenraum bis hoch nach Schwaben heimisch. Bauern hielten die leicht zähmbaren Vögel mit dem nackten, roten Kopf und dem charakteristischen Federschopf häufig in ihren Küchengärten als hoch qualifizierte Ungeziefer- und Schneckenjäger. Anders als beispielsweise Enten picken Waldrappe mit ihrem sensiblen Schnabel nur die Schädlinge aus dem Boden und naschen nicht obendrein an den Nutzpflanzen. Außerdem galten die schwarz gefiederten Ibisvögel als ›Brathendl des kleinen Mannes‹. Zahlreiche Rezepte für Waldrappen-Braten sind überliefert. Besonders die jungen Tiere galten als Delikatesse. Der Schweizer Naturforscher Conrad Gesner schrieb bereits in seinem 1557 erschienenen Vogelbuch: »Ire jungen werden auch zur speyss gelobt und für einen schläck gehalten: denn sie habend ein lieblich fleisch und weich gebein.« Der Wissenschaftler empfahl Nesträubern weitsichtig, jeweils ein Küken zu verschonen, damit die Art erhalten bliebe. Es verwundert kaum, dass dieser Appell ungehört verhallte. In Zeiten ständigen Hungers stellten die zutraulichen Waldrappe eine leicht zu jagende Beute dar. Im 17. Jahrhundert war der Waldrapp in Deutschland, Österreich und der Schweiz ausgerottet. In Europa erinnerten nur noch die typischen Schnabel-Masken des venezianischen Karnevals an den eindrucksvollen Vogel.

Rund 400 Jahren später könnte sich das ändern. Nachdem man heraus fand, dass Waldrappe fleißig brüten, sobald sie in Gesellschaft vieler Artgenossen eine Kolonie bilden können, stiegen die Bestandszahlen in Tiergärten merklich an. Heute leben mehr als 2000 Tiere in Zoos und Tierparks. Den weltweiten Bestand wildlebender Waldrappe schätzt man hingegen auf weniger als 350 Tiere; fast alle brüten in einer einzigen Kolonie an der marokkanischen Atlantikküste.

Doch in jüngster Zeit geben spektakuläre Einbürgerungsversuche in Europa neue Hoffnung. Österreichische Forscher bauten am nördlichen Alpenrand eine Waldrapp-Zuchtgruppe auf. Doch als die Jungvögel im ersten Herbst ihres Lebens von der angeborenen Zugunruhe angestachelt ihre Winterreise antraten, verschwanden sie in alle Himmelsrichtungen – nur nicht nach Süden. Es hatte ihnen einfach niemand die Reiseroute erklärt. Also prägten die Forscher die nächste Waldrapp-Generation auf das Motorengeräusch eines Ultraleicht-Flugzeugs und lotsten sie mit dem Flieger im Herbst 2004 über die Alpen bis in ein italienisches Naturschutzgebiet. Nachdem die Jungvögel drei Jahre später ihre Geschlechtsreife erreichten, zogen sie ohne motorisierte Hilfe zurück nach Österreich. Es waren genau diese Exemplare, die im Herbst vergangenen Jahres ihre Nachkommen allein und ohne Navigationshilfe ins Winterquartier nach Italien führten. Zum ersten Mal seit 400 Jahren.

Die Chancen für eine Wiedereinbürgerung in Deutschland stehen gut. Denn anders als Wölfe und Bären müssen Waldrappe nicht gegen uralte Vorurteile ankämpfen.

Rote Pandas und weiße Wale

Für Hartmut Bolz beginnt jeder Tag um halb sechs Uhr morgens. Denn um diese Zeit macht der Revierleiter die erste Futterrunde – allerdings nicht im Duisburger Zoo sondern auf seinem eigenen Bauernhof. »Ich hab hier Schafe, Schweine, Hühner, Hunde, Tauben – die wollen ja auch alle frühstücken, ne«, erzählt er augenzwinkernd. Außerdem stehen nicht weniger als 30 Pferde in seinem Stall. Zwei Drittel davon so genannte Rentnerpferde zur Kostendeckung. »Rentnerpferde sind die einzigen Tiere, wo Leute für bezahlen, wenn sie nicht mehr gebraucht werden«, erklärt Hartmut. »Nur dadurch kann ich meine eigenen finanzieren, die fressen ja im Monat ganz schön was weg. Wer hat schon zehn Pferde und ist kein Multimillionär?«

Revierleiter Hartmut Bolz
im Bongorevier

Nachdem alle Tiere versorgt sind, macht sich Hartmut Bolz gegen sieben Uhr morgens auf den Weg zum Duisburger Zoo. Als Leiter des Bongoreviers hat er dort etwas exotischere Schützlinge zu versorgen. Ursprünglich einmal als erweiterter Chinagarten gedacht, beherbergt dieser Bereich inzwischen Tierarten von drei Kontinenten: Sibirische Tiger, Rote Pandas und Mandschuren-Kraniche aus Asien, Wildhunde, Kudus und Marabus aus Afrika, Flamingos aus Amerika und natürlich die majestätischen Bongo-Antilopen, die dem Revier seinen Namen verliehen.

Nachdem der Revierleiter seine beiden Helfer für den Tag eingeteilt hat, geht er zur Anlage gegenüber dem Revierhäuschen, um die afrikanischen Wildhunde auszusperren. Momentan lebt in Duisburg eine reine Frauengruppe dieser bunt gescheckten Raubtierart. Aber das soll sich in naher Zukunft ändern. »Wir wollen in absehbarer Zeit einige Weiber abgeben und dafür Männer holen«, sagt Hartmut während er die Schieber zur Außenanlage öffnet, »aber es kann sein, dass das erst nächstes Jahr passiert. Wenn wir alle Mädels hier behalten wollten, bräuchten wir genau so viele Kerle und dafür reicht unser Platz einfach nicht aus.«

»Wenn die erst mal in Fahrt kommen – da sind die schlecht zu bremsen.«

Kaum ist der Durchgang offen, traben die Wildhunde federnden Ganges wie an einer Schnur aufgezogen hintereinander ins Freie. Der Revierleiter betrachtet seine Wildhund-Bande mit einer Mischung aus Faszination und Respekt. Vor einigen Jahren konnte er am eigenen Leib erfahren, wie schlau diese afrikanischen Jäger sind. »Es gibt Notsituationen, da muss man zu den Tieren auf die Anlage«, sagt er lächelnd, »und so sind ein Kollege und ich mal attackiert worden. Es waren zwar nur zwei Hunde damals, aber zwei Leute sind einfach zu wenig, die tricksen Dich aus – einer von links und einer von rechts. Und die kommen dann ja in Rage – also die werden dann so sauer, der eine hat mir echt durch die Aluschaufel gebissen und das will ja schon was heißen, ne? Wenn die erst mal in Fahrt kommen – da sind die schlecht zu bremsen. Besser Gummistiefel drei Nummern größer anziehen, dann hamse was zum Spielen, wenn se dich packen.«

Nach den Hunden sind die Roten Pandas dran. Seit Herbst 2007 lebt im Duisburger Zoo ein junges Pärchen dieser kleinsten Pandaart: Ayako, das Männchen, kam im August aus einem holländischen Tierpark an den Kaiserberg; seine Gefährtin Ping traf zwei Monate später aus der Schweiz ein. Auf Anhieb verstanden sich beide Tiere prächtig und kletterten schon nach kürzester Zeit gemeinsam durchs Gehege, um sich in luftiger Höhe an jungen Bambustrieben gütlich zu tun. Obwohl im Stall auch Obst und Kraftfutter zur Verfügung stehen, kraxeln die beiden pelzigen Kleinbären nach dem Aussperren sofort wieder in Richtung Lieblingsfutter. Lächelnd und doch ein wenig skeptisch beobachtet Hartmut Bolz sein Pandapärchen. »Die sind ein Herz und eine Seele, kann man gar nicht anders sagen«, meint er nachdenklich, »es müsste nur jetzt langsam los gehen – es ist ja schon Januar. Und die haben ja nur Januar und Februar, wenn sie in der heißen Phase ist, da bin ich mal gespannt, wie sich das entwickelt, sonst ist wieder ein Jahr Pause, ne. Aber auch wenn se sich mögen ist das keine Garantie, dass es auch mit dem Nachwuchs funktioniert.«

Hartmut Bolz arbeitet bereits seit beinahe 40 Jahren im Duisburger Zoo; 1969 begann er hier seine Lehre. »Damals herrschte ja noch fast Vollbeschäftigung«, erzählt er lachend. »Und als Tierpfleger hat man in der Schule immer ein mitleidiges Lächeln mitbekommen. In dieser Zeit war alles, was mit Technik zu tun hatte, angesagt, zum Beispiel technischer Zeichner oder so, das hatte einen ganz anderen Stellwert als ein Tierpfleger. Erst Jahre später

Wildhunde auf der Jagd nach Beute

Die beiden Roten Pandas im Chinagarten leben seit Herbst 2007 im Duisburger Zoo

hat sich das zum Wunschberuf gemausert.« Hartmut wollte Tierpfleger werden, seit er zehn Jahre alt war. Und er hatte Glück: Denn 1969 kamen auch die ersten Belugas, Weißwale, in den Duisburger Zoo und ein Jahr später schon wurde er mitten in der Ausbildung zu den Meeressäugern versetzt. Und dort blieb er. Mehr als 20 Jahre lang.

»Wer kann schon behaupten, dass er 20 Jahre lang mit Walen gearbeitet hat?«, lacht der Revierleiter. »Das kann kaum noch einer sagen. Ich hab ja 20 Jahre mit den Tieren gearbeitet – mit ein und denselben Tieren muss man sagen – und das war ja auch Haltungsrekord – da kommen selbst die

> »Wenn man Tiere schützen will, dann muss man sie den Leuten vorstellen.«

Amerikaner, die Kanadier und die Russen nicht mit. Kein Weißwal ist so alt geworden und man muss ja dabei bedenken, in den recht bescheidenen Duisburger Bedingungen, ne.« Als die Zooleitung in den 1990er Jahren entschied, sich nur noch auf Delfine zu konzentrieren, wechselte Hartmut Bolz freiwillig ins Bongorevier. »Weil ich ganz ehrlich gesagt merkte, dass mein Bezug mehr bei den Walen als bei den Delfinen lag«, erklärt er seinen Schritt und fügt dann listig grinsend hinzu: »Also gab's für mich nur zwei Möglichkeiten. Entweder ich bleibe da oben und werde vor lauter Kummer zum Miesepeter, oder ich geh ein Stückchen den Berg runter in ein anderes Revier.«

Hartmut denkt gerne an die Zeit bei den Meeressäugern zurück und freut sich, diese Tiere im Bewusstsein vieler Menschen verankert zu haben.

»Wir konnten den Leuten klar machen: Das sind keine Heringe oder andere Fische, die man in Dosen tut, das sind intelligente Säugetiere, die man schützen muss«, erklärt er mit Überzeugung. »Auch die dusselige Flipper-Sendung hat dazu beigetragen, dass die Leute Delfine überhaupt kennen lernen und erfahren wozu die fähig sind. Ohne Delfinarien hätte man das vielen Menschen gar nicht so plastisch veranschaulichen können. Und dadurch schwammen auch die großen Wale ins Bewusstsein: Die Zuschauer haben erfahren, dass es nicht die schwimmenden Fleischberge sind, für die sie Jahrhunderte lang gehalten wurden, sondern die großen Verwandten unserer kleinen, freundlichen, intelligenten Delfine. Wenn man Tiere schützen will, dann muss man sie personalisieren und den Leuten vorstellen – genau das macht ihr jetzt mit den Ruhrpott-Schnauzen.«

Mehr als 20 Jahre bei den Walen haben ihre Spuren hinterlassen. Fragt man nach weiteren bleibenden Eindrücken dieser Zeit, formt Hartmuts Gesicht wieder dieses listige Grinsen, dann neigt er den Kopf nach vorne, blickt den Fragesteller über den Brillenrand hinweg an und sagt: »Es hat mal einer ausgerechnet, dass ich in meiner Zeit an mehr als 40.000 Delfin- und Walvorführungen teilgenommen hab. Und weißte was? Das kann ich immer noch auswendig.« Und dann legt er los: »Meine sehr verehrten Damen und Herren, liebe Kinder, ich darf sie hier im Delfinarium des Zoologischen Gartens Duisburg recht herzlich begrüßen. Dieses Delfinarium war das erste seiner Art in Deutschland…. Kann ich Dir alles runterrasseln, kein Problem alles programmiert, ohne darüber nachzudenken!« Dann lächelt er wieder, dreht sich um und geht zurück zur Pflegerstube im Bongorevier.

Die bunten Wölfe Afrikas

Eigentlich benötigen afrikanische Wildhunde den geografischen Zusatz ihres Namens gar nicht. Denn die bunt gefleckten Raubtiere kommen nur auf dem schwarzen Kontinent vor. Die scheckige Fellfärbung brachte ihnen den irreführenden Beinamen Hyänenhunde ein, obwohl Hyänen nicht mit Hunden sondern mit den Schleichkatzen verwandt sind. Ihr lateinischer Name *Lycaon pictus* beschreibt die afrikanischen Wildhunde genauer. Übersetzt heißt er etwa »bunter Wolf«.

Wie europäische Wölfe leben afrikanische Wildhunde in Rudeln variabler Größe. Bei beiden Hundearten haben sowohl Rüden als auch Hündinnen eine klare Rangordnung innerhalb des Rudels. Allerdings sind diese Hierarchien bei den Afrikanern längst nicht so stark ausgeprägt. Afrikanische Wildhunde leben sehr harmonisch miteinander. Zeitnah geborene Welpen verschiedener Hündinnen werden gemeinsam großgezogen. Jungtiere und Angehörige des Rudels, die nicht selbst jagen können, werden von den anderen Hunden mit ausgewürgtem Fleisch gefüttert. Diesen Gemeinschaftsdienst übernehmen mitnichten nur die Damen des Rudels. Auch die Rüden versorgen andere Tiere mit Nahrung und ziehen, wenn es sein muss, die Jungen allein auf. Afrikanische Wildhunde brauchen diese Harmonie und Fürsorge. Nur ein harmonisches Rudel ist ein erfolgreiches Rudel – auf der Jagd und auch bei der Verteidigung gegen Hyänen und andere Beuteräuber.

Manchmal werden die ‚bunten Wölfe' als die erfolgreichsten Jäger Afrikas bezeichnet. In der Tat zeigen sie beim Beutezug eine beeindruckende Strategie: Einzelne Tiere führen die Hetzjagd an, während das übrige Rudel in einigem Abstand hinterher trabt. Diese Nachzügler verhindern das Ausbrechen des potentiellen Beutetieres, indem sie ihm den Weg abschneiden. Wenn die führenden Tiere ermüden, werden sie von trabenden Nachzüglern abgelöst. Große Rudel halten so die Hetzgeschwindigkeit über mehrere Kilometer konstant, so lange, bis der vorderste Wildhund die Beute an den Hinterläufen packen kann. Dann sprinten die anderen Rudelmitglieder heran und zerreißen das Beutetier buchstäblich in der Luft. Anders als bei den meisten Raubtieren Afrikas haben fast alle Jagden der Wildhund-Rudel Erfolg.

Trotz der für menschliche Maßstäbe äußerst brutalen Tötungsmethode, kommt es so gut wie nie zu Futterstreitigkeiten unter den Rudelmitgliedern. Im Gegenteil: Um den Nachwuchs und säugende Muttertiere zu versorgen, laufen afrikanische Wildhunde kilometerweit zurück – auch wenn sie noch nicht satt gefressen sind.

Leider konnte dieses vorbildliche Sozialverhalten nicht vor Vorurteilen des Menschen schützen. Wie ihre grauen Namensvettern in Europa müssen auch die afrikanischen »Wölfe« gegen ihren schlechten Ruf kämpfen. Schauergeschichten erzählen, dass afrikanische Wildhunde im Blutrausch weit mehr Beutetiere töten als nötig. Angeblich sollen sie Antilopen aus ganzen Landstrichen vertrieben haben und regelmäßig Menschen anfallen. Diese falschen Behauptungen führten zu einer rücksichtslosen Bejagung über Jahrzehnte. Die fortschreitende Besiedlung in ihren Lebensräumen und durch Haustiere eingeschleppte Krankheiten und Parasiten sind weitere Gründe dafür, dass der afrikanische Wildhund heute als das seltenste Großraubtier Afrikas angesehen wird.

Der Fisch-Finger-Unterschied

Yvona Brand (links) mit einem der Duisburger Seelöwen

Nur wenige Tiere im Duisburger Zoo dürfen frei im Pflegerbereich herum laufen. Bei den Elefanten wäre so etwas gar nicht möglich, bei den meisten Raubtieren zu gefährlich und im Affenhaus … – besser nicht dran denken, was dann alles passieren könnte. Im Robbenrevier kommt es allerdings häufiger vor, dass ein ganz bestimmtes Tier auch mal im Pflegerhaus auftaucht: Katja. Die Kalifornische Seelöwin ist eine Handaufzucht, und wenn sie frei läuft, ist meistens ihre Ziehmutter Yvona Brand nicht weit entfernt.

Auch heute watschelt Katja aufmerksam hinter ihrer Tierpflegerin her. »So Süße, jetzt kommst Du wieder zu den anderen.« Die blonde Tschechin streichelt ihren Liebling am stromlinienförmigen Hals. »Wenn ich Futter mache, kann ich Dich nicht gebrauchen. Da geht mir zu viel Fisch verloren.« Yvona bugsiert die unwillige Seelöwen-Dame durch die Tür zum großen Becken.

Dahinter warten schon die anderen Kalifornischen Seelöwen der Duisburger Gruppe: Nixe, Evi, Maja und Bulle Pit. Alle blöken durcheinander, wollen von Katja auf seelöwisch wissen, was hinter der Absperrung so vorgeht. Katja brüllt kurz und trocken zurück. Vielleicht erzählt sie den anderen, dass Yvona jetzt frischen Fisch holt. »Katja ist schon etwas besonderes«, erzählt die Tierpflegerin auf dem Weg in die Küche. »Klar behandele ich alle Tiere gleich gut, aber durch die Handaufzucht haben Katja und ich eine spezielle Verbindung.«

Mit geübtem Blick sortiert Yvona den Futterfisch für die Brillenpinguine. Dann macht sie sich mit einem Eimer kleiner Sprotten auf den Weg. Vorsichtig öffnet sie die Pforte zum Pinguingehege, um keinen der kleinen Flattermänner zu stoßen, die schon aufgeregt hüpfend warten. »Momentan haben wir einige Jungtiere, da müssen wir ganz besonders genau schauen, ob es nachts Ärger gegeben hat«, erklärt die blonde Pflegerin, während sie reihum kleine Schnäbel mit Fischen bestückt. »Kinderlose Pärchen versuchen schon mal, den Nachwuchs ihrer Nachbarn zu klauen. Und dann gibt's Streit.« Einige Häuschen der Pinguinsiedlung sind mit Kaninchendraht abgetrennt, damit die dort wohnenden Elternpaare vor adoptierwütigen Nachbarn geschützt sind. »Aber wir müssen trotzdem jeden Tag kontrollieren, ob der Zaun noch hält«, schmunzelt Yvona. »Man glaubt gar nicht, wie schnell Pinguine einen Weg da durch finden.«

Nachdem auch der letzte Frackträger gesättigt von dannen getippelt ist, schnappt sich Yvona eine Schubkarre voller Futter und begibt sich auf die Runde zu den anderen Bewohnern ihres Bereiches. Nacheinander sorgt sie bei Polarfüchsen, Luchsen und Schneeeulen für zufrieden gefüllte Bäuche. Yvona Brand schätzt die tierische Vielfalt des Reviers.

Nur die Robben haben bei der stets lächelnden Tschechin einen klitzekleinen Sonderstatus. Seit Yvona die Duisburger Seelöwen zum ersten Mal

Pinguine begeistern im Wasser durch ihre eleganten Bewegungen

»Wer nicht gebissen ist, der gehört nicht zum Club.«

erblickte, war es um sie geschehen. Das war 1984, als die junge Prager Tierpflegerin ihre Ferien bei der Großmutter im Westen verbrachte und zum ersten Mal das große Becken am Fuße des Kaiserbergs erblickte. Damals hegte Yvona keine Hoffnung, jemals mit den agilen Salzwasserbewohnern arbeiten zu können. Denn im gesamten Ostblock gab es zu Zeiten des kalten Krieges keinen Tierpark, der Meeressäuger zeigte – die Haltung war schlicht zu teuer.

Schon früh stand für Yvona fest, dass sie Tierpflegerin werden wollte. Doch zuerst musste sie sich gegen ihre Mutter durchsetzen. »Obwohl wir ein großes Grundstück hatten, musste ich um kleine Haustiere immer kämpfen – Meerschweinchen, Wellensittiche und so, womit jedes Kind anfängt«, erzählt sie und legt die Stirn in Falten. »Meine Mutter hat immer gesagt, Tiere gehören nach draußen. Ich hab sie natürlich trotzdem in mein Zimmer geschmuggelt. Und wenn sie entdeckt wurden, war zu Hause die Hölle los.«

Die Eltern hofften heimlich, dass sich ihre Tochter für einen anderen Beruf entscheiden würde. »Die haben wirklich geglaubt, dass ich doch noch Lehrerin oder so werde«, lacht Yvona, »aber dann war ich volljährig, hatte mein Abi in der Tasche und habe zack! sofort im Zoo angefangen.« Nach ihrer Ausbildung in Prag arbeitet sie noch zehn Jahre im Zoo ihrer Heimatstadt Chomutov. Dann zog sie auf eigene Faust zu den Verwandten nach Duisburg – 1989, noch vor der tschechischen Revolution.

Ihr Onkel schickte ohne Yvonas Wissen Bewerbungen an die Zoos in Köln, Wuppertal und Duisburg. Eigentlich wollte sie erst einmal Geld verdienen und die fremde Sprache lernen. Plötzlich wurde sie zum Vorstellungsgespräch eingeladen – keinen Monat nach ihrer Ankunft in Deutschland. »Ich hatte nur zweieinhalb Wochen, um mich darauf vorzubereiten«, beschreibt Yvona ihre damalige Panik, »aber mein Onkel meinte, dass ich Tiere auch pflegen könne, ohne mit ihnen Deutsch zu quasseln.« Sie bekam die Stelle und fand sich bald als Robbenpflegerin wieder.

Ihre Begeisterung für die flinken Meeresbewohner hat über die Jahre noch zugenommen. »Alles, was die machen, ist einfach unglaublich«, schwärmt sie, »ob sie springen und Saltos schlagen oder ob das der Körperkontakt mit so 300 Kilo schweren Brocken ist, die einfach kommen, knutschen und auf den Schoß wollen, obwohl sie da gar nicht mehr draufpassen.« Auch gelegentliche Bisse schmälern Yvonas Liebe zu den Tieren nicht. Im Gegenteil.

Yvona Brand beim Training mit Seelöwin Katja

»Wer nicht gebissen ist, der gehört nicht zum Club«, lacht sie listig. »Aber das waren meistens Versehen, wenn man den Fisch zu tief anfasst und die Finger mit ins Maul steckt, dann beißen sie drauf. Das ist der berühmte Finger-Fisch-Unterschied!«

Gebissen wurden die Ruhrpott-Schnauzen natürlich auch. Aber keiner der Fernsehleute hat es den Tieren übel genommen. Yvona und ihre beiden herzlichen Kollegen Helmut und Martin verstanden es immer, die Dreharbeiten im Robbenrevier mit lustigen Einlagen zu würzen. Regelmäßig wurden Filmleute im Seelöwenbecken ›getauft‹. Meistens freiwillig, aber nicht immer.

»Einmal fiel unsere Redakteurin mit drei Handys und Klamotten ins Wasser«, erzählt Yvona. »Leider trug sie einen Wollmantel und ist untergegangen wie ein Stein. Das war schon witzig.« Und als ein Kameramann große Angst vor den Wölfen zeigte, würzten Yvona und ihre Kollegen die Dreharbeiten im Wolfsgehege mit allerlei Schauermärchen – wohl wissend, dass das Duisburger Rudel niemals einen Menschen angehen würde. Inzwischen hat sich aus der professionellen Kooperation eine herzliche Freundschaft entwickelt.

»Zuerst waren wir schon skeptisch, aber dann haben wir gemerkt, dass endlich jemand da ist, der unsere Arbeit gut findet und zu schätzen weiß, was wir hier tun«, beschreibt Yvona die fast zweijährigen Dreharbeiten im Duisburger Zoo.

Um drei Uhr nachmittags naht die nachmittägliche Vorstellung im Seelöwenbecken. Katja ist schon total aufgedreht und hopst um ihre Ersatzmutter herum, als Yvona mit einem Edelstahleimer voller Fisch durch die Gehegetür kommt. »Is' ja gut Süße«, beschwichtigt Yvona, »zeig mir erst mal, was Du kannst, dann kriegste was.« Das lässt sich Katja nicht zweimal sagen. Als hätte sie jedes Wort verstanden, stürzt sich die fünfjährige Seelöwin ins Wasser, holt unter der Oberfläche Schwung und springt direkt vor ihrer Pflegerin hoch in die Luft. Yvona lächelt mit einer Mischung aus Säuerlichkeit und Milde.

»Naja, eigentlich begrüße ICH die Zuschauer, aber unsere Prinzessin muss ja immer im Mittelpunkt stehen.« Schmunzelnd schnappt sie sich das Mikrofon und fasst den ersten Fisch geschickt an der äußersten Schwanzspitze. Die Vorstellung kann beginnen.

»*Alles, was die machen, ist einfach unglaublich.*«

Ein Brillenpinguin zur Handaufzucht im Futtereimer

Couchtherapie

Am Morgen des 11. Juni 2002 ereignete sich ein tragisches Unglück in der Duisburger Seelöwengruppe. Einen halben Tag nach der Geburt ihrer Tochter Katja erlitt Seelöwen-Dame Rachel einen Gebärmuttervorfall und verstarb wenig später trotz erfolgreicher Notoperation. Das sieben Kilogramm schwere Seelöwen-Würmchen Katja schrie vor Hunger. Aber wie und womit sollte man sie füttern? Die Pfleger informierten sich telefonisch im Zoo San Diego, wo sie eine Rezeptur für Fischfresser-Babymilch mit Vitaminen erhielten. Wollte man das Jungtier nicht mit einer Magensonde ernähren, musste man es an eine Babyflasche mit Plastikknuckel gewöhnen. Das Problem war nur: Die kleine Katja wollte den Kautschuk-Nippel nicht als Ersatz-Zitze akzeptieren. Erfindergeist war gefragt. Tierpflegerin Yvona Brand besorgte 20 verschiedene Nuckelarten und eine braune Wildleder-Jacke, die entfernt dem Seelöwenfell ähnelte. In die Brusttaschen schnitt sie kleine Löcher für die Sauger, um die Mutterbrust zu simulieren. Unermüdlich versuchten die Pfleger, Katja den Nuckel schmackhaft zu machen. Als sie nach bangen Wochen zum ersten Mal eine ganze Flasche austrank, weinte Yvona vor Glück.

Katja nahm zu und entwickelte sich körperlich prächtig. Doch mittlerweile zeigte das Robbenbaby typische Verhaltensmuster einer Handaufzucht. Wie eine kleine Prinzessin reagierte sie auf jede noch so kleine Veränderung ihrer Umwelt: Verschiedene Artgenossen im Nebenkäfig, eine veränderte Reihenfolge beim Ein- und Aussperren der Meeressäuger oder fremde Besucher im Revier quittierte sie mit Flaschenverweigerung und Durchfall.

Außerdem musste sie schleunigst schwimmen lernen. In der Natur schauen sich kleine Seelöwen alles von ihrer Mutter ab. Inzwischen hatte sich Katja aber so an ihre menschlichen Eltern gewöhnt, dass sie sich vor Artgenossen fürchtete. Also spielten die Duisburger Robbenpfleger Schwimmschule – zuerst im flachen Planschbecken hinter den Ställen, dann im kleinen Pinguin-Pool und schließlich im großen Seelöwensee. Die kleine Prinzessin verfiel allerdings regelmäßig in Panik, wenn ein anderes Mitglied der Gruppe neugierig heran schwamm und sie lautstark begrüßte. Katja konnte ja die Seelöwensprache noch nicht richtig deuten. Zwischendurch durfte sie deshalb im Pflegerhäuschen auf dem Sofa sitzen und sich in ihre Decke gewickelt ein Stündchen erholen. Mit der Zeit bemerkten die Pfleger, dass diese ›Couchtherapie‹ ein wunderbares Mittel darstellte, um Katja bei allen möglichen Panikattacken zu beruhigen.

Doch die besondere Nähe zu den Pflegern hatte auch Nachteile. Denn in einer Art Beschützerinstinkt begann Katja alle Personen außer ihren Ersatzeltern zu attackieren. Wie ein Pitbull mit Flossen schnappte sie nach Tierärzten, Reinigungstauchern und anderen Besuchern. Unmöglich das Katja zu erklären; alles Schimpfen und Grollen half nicht. Denn nach jeder Attacke machte sich Katja gleich wieder davon, ohne ihr Fehlverhalten mit der Pflegerschelte geistig zu verknüpfen. Ein unträglicher Zustand.

Die Lösung erschien in Person von Katjas Patin Angela Vogt. Sie stellte sich im geschlossenen Stall freiwillig als »Opfer« zur Verfügung, wo sie prompt zwei Bisse von Katja abbekam. Diesmal konnten die Pfleger Katja sofort lautstark klar machen, dass ihr Verhalten nicht geduldet werden kann. Das Robbenkind begriff schnell und warf sich unterwürfig auf den Rücken. Inzwischen zeigt sich Katja genau so umgänglich, wie alle anderen Seelöwen am Kaiserberg. Angela Vogt hat die Bisse nie übel genommen und besucht Katja jede Woche im Duisburger Zoo.

Zufrieden unter Schweinen

Tanja Tebart kommt meist eine Stunde früher in den Zoo. Morgens um sieben ist es noch ruhig im Duisburger Afrikanum. Tanja genießt diese Stunde, in der sie ganz alleine mit den Tieren sein kann. Wie jeden Morgen geht sie als erstes zu den Pinselohrschweinen, um den Chef der Rotte zu begrüßen. Nanuki erkennt seine Pflegerin am Schritt und stößt ein sehnsüchtiges Heulen aus.

»Ja Dicker, ich komm ja schon«, antwortet Tanja mit gespielter Genervtheit. Dann öffnet sie die Tür und streichelt den Keiler, bis dieser sich auf die Seite fallen lässt und genießerisch die Augen schließt. »Koma-Kraulen nenn ich dat«, lächelt Tanja, »manchmal kriegt der dat gar nich' mit, wenn ich den Stall wieder verlasse.«

Tanja Tebart badet mit den Pinselohrschweinen

Man muss ein besonderes Händchen für Tiere besitzen, um ein solches Vertrauen zu schaffen. Nur Tanja und Revierleiter Peter Dieckmann dürfen sich zu den afrikanischen Schweinen in den Stall trauen. Selbst erfahrene Tierpflegerkollegen halten sicherheitshalber Abstand, denn die rotbraunen Pinselohren können sehr gefährlich werden. Auch Tanja ist schon mehrmals gebissen worden. »Ein Lernprozess«, sagt sie ungerührt. »Irgendwann erkennt man die Signale und weiß: O.k., der hat heute verdammt schlechte Laune, den lass ich ma' schön in Ruhe.« Heute besteht allerdings nur die Gefahr, dass vom vielen Kraulen der Arm abfällt. Denn inzwischen wittert auch Watussibulle ›Dicken‹ seine Chance und fordert die Tierpflegerin freundlich schnaubend auf, ihm auch ein paar Streicheleinheiten zu gewähren. »So geht dat jeden Morgen«, meint Tanja, »auch deswegen komme ich immer 'ne Stunde früher her.«

Nachdem sie auch den Dicken gestreichelt hat, macht sich Tanja an die Arbeit: Frühstück machen, das ›Buffet‹ auf der Plattform der Außenanlage anrichten, die Tiere rauslassen und dann die Ställe ausmisten. Andere Menschen würden sich über die körperlich anstrengende und obendrein

»O.k., der hat heute verdammt schlechte Laune, den lass ich ma' schön in Ruhe.«

geruchsintensive Arbeit beschweren. Tanja nicht. Sie hat ihren Traumberuf gefunden. »Ich wusste schon immer, dass ich was mit Tieren machen werde«, sagt sie entschlossen, »zum Glück bin ich hier rein gekommen – die Alternativen waren ja nich' so prickelnd: Im Zoogeschäft arbeiten ist nich' toll, beim Tierarzt arbeiten is' ja auch nich' wirklich super. Hier kann man sich viel intensiver mit den Tieren beschäftigen. Man weiß genau, wer wann wo wirft, man kann die einzelnen Charaktere einschätzen, und man baut eine persönliche Bindung zu den Tieren auf.«

Tanjas Lieblinge sind ganz klar die Pinselohrschweine – auch wenn sie natürlich kein Tier ihres Bereichs bevorzugen oder gar begünstigen würde. Aber die rostroten Gesellen mit den markanten Lauschern haben es ihr von Beginn an angetan. »Die sind nicht nur superhübsch, sondern auch sehr intelligent. Manche von denen machen die Riegel ihrer Ställe auf – frag' mich nicht wie, aber die schaffen das. Wenn wir die Türen nicht zweifach, dreifach sichern, stehen plötzlich die falschen Schweine zusammen und es gibt 'ne Keilerei.«

Tanja schätzt an den Pinselohren auch, dass jedes Tier seinen eigenen, ausgefeilten Charakter besitzt. Neben Chef-Eber Nanuki ist den Zuschauern der Ruhrpott-Schnauzen vor allem die so genannte ›Sofasau‹ bekannt. Ihren Namen erhielt die Bache von Revierleiter Peter Dieckmann, der das Tier zu Hause mit der Flasche aufzog. Wie viele Handaufzuchten zeigt auch die Sofasau deutlich weniger Respekt vor Menschen als andere Zootiere. »Wenn die keine Lust hat, abends rein zu gehen, dann rennt die unter den Bauch eines Watussi-Rinds«, erzählt Tanja, »nach dem Motto: Sieh mal zu, wie Du an mich drankommst!«

Grundsätzlich zeigen sich die Pinselohrschweine recht folgsam, wenn ihre Tierpflegerin ruft. An einem denkwürdigen Drehtag der ZDF-Serie hätte sich Tanja Tebart allerdings ein wenig mehr Unterstützung ihrer Rotte gewünscht. Im heißen WM-Sommer 2006 wollte die Tierpflegerin mit den Schweinen baden gehen – vor laufender Kamera. Die Tierpflegerin erinnert sich nur zu gut an die tierische Badeaktion. »Ich dachte, klar gehen die mit schwimmen, das machen die ja sonst auch«, erzählt Tanja mit schiefem Grinsen, »aber die haben mich leider ganz schön hängen lassen. Ich saß mehr allein in der Pfütze, als die Tiere mit. Und die Besucher draußen haben sich schon scheckig gelacht.«

Tanja Tebart beim Füttern

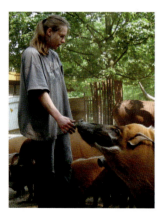

Jedes Pinselohrschwein hat seinen ganz eigenen Charakter

Zu allem Überfluss verwechselte ein Tier Tanjas Finger mit einer schmackhaften Zwischenmahlzeit. »Die Bache hat gedacht: Oh toll, die hat vielleicht was zu fressen in der Hand und hat mir voll in den Finger gebissen. Ich wollte die Dreharbeiten nicht abbrechen und hab' halt die blutende Hand unter Wasser gehalten und so getan als sei alles o. k.« Als sich die Sofasau obendrein anschickte, in der Badewanne Wasser zu lassen hatte auch Tanjas Geduld ein Ende.

Inzwischen haben alle Tiere gefrühstückt, die meisten Ställe sind gesäubert und mit frischem Stroh bestückt, und Tanja Tebart gönnt sich leicht

»Die sind nicht nur superhübsch, sondern auch sehr intelligent.«

Kaum zu glauben, dass diese Tiere auch gefährlich werden können

verschwitzt eine Zigarettenpause bevor sie wieder zur Mistgabel greifen muss. Denn wie in vielen Revieren ist auch die Arbeit im Afrikanum ein ewiger Kreislauf: Futter zubereiten, füttern und später das von den Tieren verwertete Futter entsorgen.

Manch einer wäre deshalb frustriert. Tanja nicht. »Ich bin voll zufrieden hier, ich muss nicht Tierpflegemeister werden und auch nich' Direktor oder sowat – dann hab' ich ja nichts mehr mit den Tieren zu tun! Da sitz ich dann im Büro den ganzen Tag und muss mir um irgendwelche Rechnungen Sorgen machen, nee. Dat will ich gar nich.«

Farbenfrohe Sauereien

Lässig streift Nanuki durch das Gehege. Nanuki ist ein Pinselohrschwein und im Gegensatz zu den europäischen Schweinen hat bei seiner Spezies der Keiler das Sagen. Er ist der Chef der Duisburger Gruppe. Er beobachtet seine Bachen genau durch seine »Brille«, einen weißen Streifen, der sich über die Nase und um die Augen zieht. Die langen, spitzen Ohren, die mit ihren Zierhaaren wie ein Pinsel aussehen sind das Markenzeichen dieser Paarhufer. Diese buntesten aller Schweine erreichen eine Körperlänge von bis zu 120 cm und eine Höhe von 70 cm. Auf dem Rücken tragen sie einen Aalstrich, eine weiße Färbung, die so exakt gezeichnet ist, als wäre sie mit einem Pinsel gezeichnet. Charakteristisch ist auch der helle Backenbart und der dünne lange Schwanz, der in einer Schwanzquaste endet. Die Männchen haben zusätzlich zwei hörnerartigen Auswüchse auf der schwarz gefärbten Nase.

Die Pinselohrschweine gehören zur Familie der Buschschweine und stammen aus den westlichen und zentralen Regenwäldern Afrikas. In ihrer afrikanischen Heimat sind die lebhaften Tiere noch häufig anzutreffen. Auch unter dem Namen Flussschweine bekannt, lieben sie das Schwimmen. Ihre zweite große Leidenschaft ist es, in der Erde zu wühlen – immer auf der Suche nach Nahrung, ihrer dritten Leidenschaft. In freier Wildbahn essen die Flussschweine fast alles: Wurzeln, Knollen und Früchte, manchmal auch Insekten und kleine Wirbeltiere. Die 17 Pinselohren im Duisburger Zoos bekommen viel Gras und werden manchmal mit Mais, einer Wassermelone oder Ananas überrascht. Die größte Sauerei gibt es bei ihrer Lieblingsspeise: Joghurt. Nach dem Schlemmen sind alle von oben bis unten mit der Leckerei beschmiert. Spätestens am nächsten Tag ist die ganze Truppe aber wieder sauber, denn Schweine sind sehr reinliche Tiere.

Die geselligen Tiere brauchen kein großes Animationsprogramm, sie beschäftigen sich gerne miteinander. Manche Mitglieder der Duisburger Rotte sind sehr handzahm und bestehen auf ihren Streicheleinheiten. Dennoch darf man sie nicht unterschätzen. Pinselohrschweine sind recht wehrhafte Tiere und alles andere als feige. Beide Geschlechter besitzen Hauer, verlängerte Eckzähne aus Unter- und Oberkiefer, die stets nachwachsen und sich aneinander abschleifen. Werden sie wütend hauen sie kräftig zu oder beginnen zu beißen. Wenn Nanuki, der Chef-Keiler, seine Position unter den Bachen verteidigt, baut er sich seitlich auf, droht mit seinen 10 cm langen Hauern und beginnt laut zu schnattern. Damit verschafft er sich Respekt. Pinselohrschweine sind grundsätzlich kritisch gegenüber allem, was sich von der Seite nähert. Das lernen sie schon als Frischlinge, wenn sie an der Zitze der Mutter ihren Platz nach links und rechts verteidigen.

Fünf bis sechs Ferkel werden pro Jahr im Zoo am Kaiserberg geboren. Der Duisburger Zoo ist die erfolgreichste Aufzuchtstation weltweit. Nahezu alle Pinselohrschweine der Zoowelt stammen aus der Duisburger Zucht. Manche Bachen erlauben den Pflegern sofort, den Kontakt zu den Ferkeln, andere brauchen ein paar Tage Ruhe. Die Jungtiere sind recht schnell auf den Beinen und können ihrer Mutter folgen. In den ersten Lebensmonaten sind die Jungtiere hell gestreift, ähnlich wie die Frischlinge heimischer Wildschweine. Die kleinen Pinselohren zeichnen sich schon früh ab und wenn das Fell nach gut einem halben Jahr die typisch rotbraune Färbung zeigt, haben die kleinen Duisburger auch schon ihre Liebe für Joghurt entwickelt.

Der schwarze Wirbelwind

Jochen Fengler im Affenhaus mit Siamang Jupp

Wenn Jochen Fengler nach getaner Arbeit mit der Straßenbahn nach Hause fährt, kommt es vor, dass ihn die anderen Fahrgäste skeptisch anstarren. Auch heute zieren breite rote Striemen den Hals des 53-jährigen Tierpflegers. »›Oh Gott, was ist denn mit dem passiert?‹, denken die sich dann«, feixt der weißbärtige Küchenchef des Affenhauses. Manche Mitreisenden jedoch lächeln wissend und fragen Jochen: »Das war der Jupp, oder?«

Jupp ist ein Siamang, ein Vertreter der größten Art aus der Familie der Gibbons. Knapp einen Meter groß, mit langen Armen und tiefschwarzem Fell. Wie seine asiatische Verwandtschaft liebt es Jupp, sich hangelnd und schwingend in rasanter Artistik fortzubewegen. Wenn menschliche Bekannte mit ihm toben, ist Jupp kaum zu bremsen. Manchmal hinterlässt seine Spielfreude dabei deutliche Spuren.

»Der Jupp packt halt schon feste zu und dementsprechend hab ich auch am Hals ausgesehen«, erzählt Jochen. »Siamangs sind da ähnlich wie junge Schimpansen – wenn die anfangen zu spielen, werden sie nicht müde, die steigern sich im Spiel.«

An diesem Morgen allerdings, als Jochen Fengler gegen halb acht Uhr das Affenhaus betritt, hängt das schwarze Energiebündel ziemlich matt in den Seilen. »Morgens sieht der immer aus, als hätte der die ganze Nacht Party gemacht«, schmunzelt Jochen, »so verpennt ist der um die Zeit«. Kurzes Kraulen und dann macht sich Jochen an die Arbeit: Gehege säubern, die Hinterlassenschaften der Tiere entsorgen und danach das Frühstück für die verschiedenen Bewohner des Affenhauses zubereiten. Tierpfleger-Alltag. »Zu 99 Prozent besteht der Beruf darin, Dreck wegzumachen, Käfige zu reinigen, Futter zu machen, die Tiere zu füttern.« Die anstrengenden Routinen machen Jochen nichts aus. »Wenn mich das stören würde, dann wäre ich nicht 36 Jahre in diesem Beruf geblieben.« Routiniert und schnell wie ein Profikoch füllt Jochen die verschiedenen Futterschalen mit reichlich klein geschnittenem Gemüse – alles von bester Qualität ohne faule Stellen. Oberstes Küchengebot im Duisburger Affenhaus: Verfüttere nur das, was Du selber auch essen würdest.

Nur wenige Bewohner des Äquatoriums – so heißt das Duisburger Affenhaus offiziell – erhalten zusätzlich ein bisschen Obst vom Küchenchef. »Zu süße Kost ist zu nahrhaft«, erklärt Jochen. »Man denkt immer Affen essen hauptsächlich Bananen. Klar mögen die Tiere Bananen, aber wenn wir denen nur Süßigkeiten geben, werden die ruckzuck kugelrund.« Ein weiterer Beleg dafür, dass Affen die nächsten Verwandten des Menschen sind?

Plötzlich erklingen nebenan eigenartige, kehlige Laute, gefolgt von auf- und abschwellenden Signaltönen. »Ah, der Jupp is' wach und bringt uns jetzt ein Morgenständchen.« Nur wenige Augenblicke später fallen weitere Affenstimmen in den Gesang mit ein, verdichten die einzelne Stimme zu

Siamang Jupp lebt seit Mitte der 1970er Jahre in Duisburg

> »Wenn die bei Westwind im Außengehege singen, kann man das bis zum Duisburger Bahnhof hören.«

einem gleichsam exotischen und harmonischen Konzert in extremen Frequenzbereichen. Jupps Gesang hat die zweite Duisburger Siamanggruppe alarmiert. Sie signalisieren jetzt dem einzelnen Männchen, wo sie sich befinden und wie viele Mitglieder die Gruppe hat. In ihrer Heimat, den Regenwäldern Südostasiens, können sich Siamangs so über Kilometer verständigen, ihre Reviere abgrenzen und nach geeigneten Partnern suchen.

»Wenn einer anfängt, schreien auch alle anderen«, erklärt Jochen. »Dieses Lied heißt jetzt für die Feinde der Familie: Passt auf! Wir sind ganz viele und wir halten alle zusammen.«

Haben sich ein Siamang-Männchen und ein Weibchen zusammen getan, lassen sie täglich einen ausgefeilten Paargesang erschallen, den die überwiegend monogamen Tiere ihr Leben lang verfeinern und aufeinander abstimmen können. In der Küche ist eine Unterhaltung jetzt nur möglich, wenn man noch lauter als die Affen schreit. »Das sind locker 110, 120 Dezibel«, brüllt Jochen. »Wenn die bei Westwind im Außengehege singen, kann man das bis zum Duisburger Bahnhof hören.« Nach einer Viertelstunde beruhigt sich der Dschungel-Chor wieder.

Seit seine Gefährtin Hexe gestorben ist, lebt Jupp allein. Als einzelnes, erwachsenes Männchen würde ihn die andere Siamang-Gruppe nicht akzeptieren. »An ein Weibchen ranzukommen, ist schwierig«, meint Jochen, »aber der ist so menschenbezogen aufgewachsen, das macht ihm nichts aus, alleine zu sitzen.«

Jochen und Jupp kennen sich seit mehr als 30 Jahren. »Mitte der 70er, ist der vom Zoll beschlagnahmt und aus Belgien hier her gebracht worden. Wir wussten damals aber nicht, dass der so lieb ist«, erinnert sich Jochen. Dem Tierpfleger fiel auf, dass Jupp immer seinen Rücken an das Gitter des Außenkäfigs lehnte und irgendwann versuchte er, den Siamang im Nacken zu kraulen; darauf vorbereitet, dass Jupp durchs Gitter greifen und seine Arme packen könnte, wie es manche Affen tun.

Aber Jupp bewegte sich kein Stück. »Bis ich dann ein bisschen fester zugepackt hab und der angefangen hat zu lachen. Jaja, Affen können lachen«, schmunzelt Jochen. »Wenn man die Gesichtsmimik interpretieren kann, sieht man das ganz deutlich.«

Mit der Zeit wurden die Pfleger mutiger und stellten fest, dass sie sogar ihre Hände zu Jupp in den Käfig stecken konnten – bei anderen Primatenarten ein undenkbarer Leichtsinn und auch bei ausgewachsenen Siamangs nicht ohne Risiko. Jupp ist zwar nur einen knappen Meter groß und wiegt nicht viel mehr als zehn Kilogramm. In punkto Körperkraft jedoch können sich ausgewachsene Siamangs mit durchtrainierten Menschen messen und ihrer Agilität haben Menschen rein gar nichts entgegen zu setzen.

Irgendwann wagte Jochen gemeinsam mit einem Kollegen den ersten Gang in Jupps Käfig. Obwohl sich der Siamang nie aggressiv gezeigt hatte, konnten die Tierpfleger nicht sicher sein, auch auf der anderen Seite des Gitters freundlich empfangen zu werden. »Wenn man zu den Tieren ins Gehege kommt, betritt man ihr Revier«, erklärt Jochen. »Die benehmen sich oftmals ganz anders, als wenn man außen steht.« Nicht wenige Zoobewohner beantworten ein solches Eindringen mit heftigen Attacken. Nicht so Jupp. »Der kam an, hat uns umarmt und fing sofort an zu spielen. Da waren wir schon fast geschockt«, erinnert sich Jochen.

Alle Futterschalen sind gefüllt; Küchenchef Fengler verwandelt sich in den Oberkellner des Äquatoriums und serviert das Frühstück. Vorher muss der Tierpfleger allerdings die Affen aussperren, damit er die Mahlzeit gefahrlos in den Käfigen anrichten kann. Bei Jupp sind solche Vorsichtsmaßnahmen nicht nötig. Der Siamang lässt seinen menschlichen Kumpan gewähren, wartet artig, bis Jochen das Gemüse verteilt hat und springt ihm dann ansatzlos mit einem gewaltigen Satz auf den Kopf. »He, lass das, dafür hab ich jetzt keine Zeit.« Mühsam löst Jochen die überlangen Arme des verspielten Siamangs von seinem Hals. »Nich' traurig sein, Jupp«, versucht er den schwarzen Rabauken zu trösten. »Wenn ich Zeit hab, komm ich nachher noch mal vorbei.«

Einige Teams der Ruhrpott-Schnauzen dürfen diese stürmische Zuneigung am eigenem Leib erfahren. Meistens rufen Jupps spontane Umarmungen erst spitze Schreie und dann verunsicherte Schockstarre bei Redakteuren, Kameramännern und Tontechnikern hervor. Und wenn der schwarze Menschenfreund sich energisch, aber liebevoll am Hals festgeklammert hatte, folgte stets die bange Frage an den Tierpfleger. »Jochen, was mach ich jetzt?« Die Antwort ist immer dieselbe. »Spiel mit ihm, keine Angst, selbst wenn der 'nen schlechten Tag hat, würde er nie jemanden beißen.« In der Tat haben alle Teammitglieder die Besuche bei Jupp unverletzt überlebt. Nicht wenige verlassen das Affenhaus lächelnd. Mit roten Striemen am Hals.

»Morgens sieht der immer aus, als hätte der die ganze Nacht Party gemacht.«

Jochen Fengler und Jupp beim Spielen

Fußball und Evolution

In einem chinesischen Lied aus dem 4. Jahrhundert heißt es: »Traurig sind die Gesänge der Gibbons bei den drei Schluchten von Pa-Tung; nach drei Rufen in der Nacht nässen Tränen das Kleid (des Reisenden).« Nicht jeden Menschen stimmen die Gesänge der in den Regenwäldern Südostasiens heimischen Gibbons melancholisch, aber eines steht fest: Alle Menschenaffen (Schimpansen, Bonobos, Gorillas, Orang-Utans und Gibbons) haben Gesänge entwickelt, die im Reich der Säugetiere an Komplexität und Ausprägung nur von denen der Menschen übertroffen werden. Alle stoßen bei bestimmten Gelegenheiten stereotypische Tonfolgen aus: Schimpansen und Bonobos steigern ihre von Keuchen unterbrochenen Schreie zu einem spitzen Crescendo; Silberrücken-Gorillas stoßen Serien von Heullauten aus, und männliche Orang-Utans geben so genannte ›long calls‹ ab, die sie von leisem Blubbern zu lautem Brüllen auf- und auch wieder abschwellen lassen.

Fast alle Gibbon-Arten haben ganz spezielle Duette zwischen verpaarten Tieren entwickelt. Siamangs gelten als die wahren Meistersänger dieser Kunst. Ihr Duett umfasst mehrere verschiedene Strophen des Männchens im Zusammenspiel mit darauf abgestimmten Lauten des Weibchens. Je länger ein Siamang-Paar zusammen lebt, desto harmonischer klingt sein Lied. So stärkt das Paar seine Bindung. Während des Duetts steigern sich die Siamang-Partner in Frequenz, Lautstärke und Aktivität bis sie artistisch hangelnd umeinander tanzen oder kräftig an den Ästen rütteln. Wer dieses atemberaubende, ohrenbetäubende Spektakel noch nicht kennt, sollte schleunigst Elliot, Jupp und Co im Duisburger Zoo besuchen. Jeden Morgen und Abend ist Vorstellung im Affenhaus.

Doch warum haben gerade die Gibbons ihre Darbietungen so weit entwickelt? Die Antwort liegt wie so oft in der artspezifischen Lebensweise. Gibbons leben in kleinen Familienverbänden und bevölkern die Baumkronen südostasiatischer Regenwälder. Durch den regelmäßigen Gesang von Paaren oder Gruppen lässt sich leicht und weithin hörbar das Revier abstecken. Der Chor signalisiert anderen Gruppen schon von weitem: Vorsicht, hier sitzen viele Gibbons und sie halten gegen alle Feinde zusammen. Wenn dann noch alle kräftig das Laub ihrer Baumkrone aufschütteln, sieht das für Rivalen schon von weitem beeindruckend aus.

Auch andere Menschenaffen begleiten ihre Gesänge mit ritualisierten Bewegungen: Schimpansen trommeln, stampfen auf den Boden und vollführen hohe Sprünge, wenn sie kreischen, Gorillas beenden ihr Heulen oft mit dem charakteristischen Brusttrommeln und plötzlichem Rennen durch das Unterholz. Einige Forscher sehen darin Ähnlichkeiten zu den Anfängen menschlicher Musikdarbietungen. Und tatsächlich finden sich solche Merkmale auch heute noch bei religiösen Ritualen, in Tänzen und Massenveranstaltungen wieder.

Im Fußballstadion zum Beispiel. Ohne den Anhängern dieser wunderbaren Sportart zu nahe treten zu wollen: Fußballfans zeigen manchmal ähnliche Verhaltensmuster wie konkurrierende Gibbon-Gruppen: Speziell eingeübte Gesänge machen den Zusammenhalt untereinander und die Zugehörigkeit zum Lieblingsverein für jedermann lautstark deutlich. Gleichzeitig grenzen sich Anhänger rivalisierender Vereine durch ihre Lieder voneinander ab. Bisher liegen noch keine Studien vor, ob die Siamangs und Schopf-Gibbons am Kaiserberg jeden Samstagnachmittag besonders inbrünstig singen, um die Spieler des MSV Duisburg zu unterstützen. Aber die nennen sich ja auch ›die Zebras‹.

Bitte nicht streicheln!

Als Nicht-Tierpfleger und haustiererfahrener Kuscheltyp handelt man im Zoo manchmal rein instinktiv und ohne lange nachzudenken: ein Tier – völlig egal, welches – steht, sitzt oder liegt in Reichweite. Reflex: AN-FASSEN. STREICHELN. DRÜCKEN. Nun ja, in einem Zoo ist das keine gute Idee – das haben wir schnell gemerkt.

Drehort Tigerkäfig: Kater Elroy hat sich die Pfote verletzt. Tierarzt Manuel Garcia Hartmann zieht eine Narkosespritze auf, unsere Kamera läuft. Der Veterinär erklärt, wie das Mittel verabreicht wird – per Blasrohr. Aha, so weit so gut. Was wir nicht wissen: Elroy reagiert in punkto Blasrohr etwas empfindlich – gelinde ausgedrückt. Auch ist uns nicht bekannt, wie laut Tiger werden können, wenn ihnen etwas missfällt. Als der Tierarzt mit seinem Gerät bewaffnet in Elroys Blickfeld tritt, springt er los und brüllt. Für einen Moment bleibt die Zeit stehen …

Die Arbeit im Zoo hält für Kameramänner manche Überraschung bereit

Das Brüllen eines Tiger ist keineswegs ein lautes Katzen-Fauchen. Es geht durch Mark und Bein, hallt nach in den Eingeweiden. Adrenalin schießt ins Blut. Der Magen krampft sich zusammen. Die Nackenhaare stellen sich auf. Nur noch ein einziger Gedanke beherrscht das Hirn: »Weg hier!« Wir Zoo-Neulinge machen alle einen Satz zurück. Um das klar zu stellen: wir weichen nicht etwa erschrocken zurück, sondern springen vor Furcht mehrere Meter nach hinten.

Entsprechend verwackelt produzieren wir also Bildmaterial unserer ersten Tiger-Narkose. Als Elroy schließlich ruhig schläft, lachen wir darüber – uns allen ist aber noch immer übel vor Angst. Nach der zweiten Tiger- und vierten Löwen-OP bleiben auch wir cool am Gitter stehen. Unser erstes Tigerbrüllen aber bleibt unver-gessen.

Tiger, soviel war schon vorher klar, sollte man in Ruhe lassen. Aber können wir nicht vielleicht die knuffigen Wombats mit unserer Tierliebe überschütten? Die Beuteltiere aus dem Koalarevier sehen doch so niedlich aus!

Manche Tiere lassen sich auch ohne Gefahr streicheln

Revierchef Mario Chindemi klärt uns auf: Die australischen Bodenbewohner können mit ihren überdimensionierten Nagetierzähnen Menschenknochen durchbeißen. Und »Killerwombat« Boney trägt seinen Namen nicht umsonst. Schnell wird auch hier klar: der einzig sichere Platz für unsere Hände sind die Hosentaschen – auch wenn es manchmal schwer fällt.

Sind sich aber Pfleger, Tier und Fernsehmensch gleichermaßen sympathisch und ist der Zeitpunkt außerdem wohl gewählt, dann steht einer zärtlichen Annäherung nichts im Wege.

So zum Beispiel, wenn Elefantendame Daisy einen mit dem Rüssel im Gesicht beschnuppert. Sie atmet tief ein. Übliche Elefantenanmache halt. »Sie muss Dich erst mal kennen lernen«, sagt Elefantenpfleger Hermann Sommer. Etwas eingeschüchtert und stocksteif steht man vor der 2,41 Meter großen Elefantenkuh. Das mit den »sanften Riesen« ist ja ein Mythos. Sanft sind Elefanten nur bei bester Laune oder wenn sie dem Besucher Futter abluchsen wollen. Bei schlechter Stimmung sollte man den Zweieinhalbtonnern tunlichst aus dem Weg gehen. Sie können nämlich ganz schön rabiat werden. Daisy lässt sich alle Zeit der Welt. Zum Schluss pustet sie mit dem Rüssel ins Gesicht. Lautstark und ziemlich feucht. Das Signal ist klar: Du bist o.k., du darfst anfassen! Hermann und seine Kollegen erzählen immer, die Elefanten pusten feucht, weil sie gerade Wasser getrunken hätten. Stimmt aber nicht! Sie spucken Speichel – so einfach ist das.

Launisch sind sie auch, die Bewohner des Duisburger Zoos. Gestern total verschmust, tun sie heute so, als würdest Du ihnen ihr Futter wegfressen wollen. Die Stimmung kann auch schlagartig kippen: eben noch mit dem Kamel gekuschelt, schon fliegen einem die Hufe um die Ohren, und es heißt Deckung suchen. Bei Sprintwettbewerben würden unsere Kamerateams vermutlich überdurchschnittlich abschneiden – die abrupte Flucht vor wildgewordenen Trampeltieren haben sie häufig genug geübt.

Interessant ist die Art der unterschiedlichen Kontaktaufnahme: Koalas wollen erst riechen, wer sie anfasst. Gorillas darf man dabei nie in die Augen sehen. Das wäre ein Affront. Delfine finden streicheln generell öde. Die Nähe zu den wilden Zoobewohnern – egal, ob groß oder klein, dick oder dünn, laut oder leise, gefährlich oder handzahm – hat uns alle tief berührt. Für uns sind die »Ruhrpott-Schnauzen« inzwischen nicht mehr nur die Hauptdarsteller der Sendung, sondern dicke Freunde – auch wenn wir sie nicht immer anfassen.

Ein Rüssel erblickt das Licht der Welt

Im Südamerikahaus erwartet Tapirdame Brigitte ein Kind. Die Dreharbeiten des Tages sind bereits abgeschlossen, als Reviertierpfleger Mario Chindemi mich anruft. Er ist sich sicher, dass die Geburt in den nächsten Stunden stattfinden wird. Den ganzen Tag hatte sich Brigitte schon unruhig gezeigt. Jetzt liegt sie im Stall und kämpft mit den Wehen. Und wir kämpfen gegen die Zeit. Denn es scheint kein Kamerateam zu geben, das sofort verfügbar ist und außerdem rechtzeitig in Duisburg sein kann. Wir sind verzweifelt – eine Tiergeburt ist auch für die erfahrenen Teams der Ruhrpott-Schnauzen ein außerordentliches Ereignis. Die meisten Tiere gebären nachts und nicht einmal ihre Pfleger bekommen davon etwas mit. Es kommt nicht in Frage, diese Chance einfach verstreichen zu lassen! Es bleibt nur eine Möglichkeit: Selbst drehen. Nie bin ich auf dem Weg zu einem Drehort so nervös gewesen wie an diesem Tag. Noch bevor ich im Zoo ankomme, informiert mich die Produktionsleitung, dass ein Kamerateam gefunden und schon auf dem Weg von Gelsenkirchen nach Duisburg ist. Wer die Hauptverkehrszeit im Ruhrgebiet kennt, weiß, dass auf der A42 dreißig Kilometer durchaus eine Stunde und mehr dauern können. Trotzdem bin ich etwas beruhigt. Das Team wird schon irgendwann eintreffen.

Auch wenn die meisten Duisburger Zootiere den Kontakt mit fremden Menschen gewöhnt sind, bei einer Geburt lassen sie selbst ihre Pfleger nur äußerst selten in ihre Nähe. Aber Brigitte und Mario pflegen ein besonders vertrautes Verhältnis. Der 42-Jährige durfte schon die früheren Tapirgeburten beobachten – Feierabend gibt es für den fürsorglichen Pfleger in diesen Fällen nicht. Auch heute stellt sich Mario auf eine lange Nacht ein. Gemeinsam sitzen wir im Stroh und ich drehe unbeholfen zur Sicherheit schon einmal ein paar Bilder. Draußen ist es inzwischen dunkel geworden, alle anderen haben Feierabend und wir scheinen die letzten Menschen im Zoo zu sein. Mario wirkt entspannt und in freudiger Erwartung. Mit leiser Stimme spricht er beruhigend auf Brigitte ein, bringt ihr Wasser und streichelt sie. Ich tue mein Bestes ein paar schöne Bilder zu drehen und warte sehnsüchtig mit halbem Ohr auf die Ankunft des Kamerateams. Dann geht alles ganz schnell. »Es kommt! Schnell, schau hin, da kommt es, mit den Füßen zuerst!«, ruft Mario. Tatsächlich kann man schon vier kleine Hufe erkennen.

Normalerweise werden Tapire, wie Menschenkinder, mit dem Kopf zuerst geboren. Mario hilft Brigitte, indem er sanft an den Beinchen zieht. Von Presswehe zu Presswehe kommt mehr von dem kleinen Tapir zum Vorschein. Durch den Zoom der Kamera bin ich ganz nah dran und von Zeit zu Zeit entfährt mir ungewollt ein leises »Oh Gott!«. Brigitte gibt während all dem keinen einzigen Laut von sich, konzentriert und ruhig presst sie ihr Kleines auf die Welt. Mit einem letzten, leisen Flutsch ist es da. Mario löst die Fruchtblase und dann liegen fünfzig, braun-weiß gestreifte Zentimeter erschöpft im Stroh. Ein Junge. Sofort beginnt Brigitte, ihr Baby sauber zu lecken. Ein wichtiger Instinkt, der auch dazu dient, den Kreislauf des Babys in Schwung zu bringen.

Ich bin überwältigt. Vor gerade mal zwanzig Minuten war von dem neuen Zoobewohner nichts zu sehen und jetzt zuckt der kleine Rüssel schon neugierig in alle Richtungen. Mario lächelt mich gerührt an. »Egal, wie oft man das erleben darf«, meint er, »es ist jedes Mal aufs neue einzigartig!« Dann betrachten wir still und voller Ehrfurcht das winzige Wesen. Von draußen höre ich Motorengeräusche. Das Kamerateam ist da.

131

Danksagung

Dank gebührt allen Mitarbeitern des Duisburger Zoos – viele von ihnen treten persönlich in diesem Buch auf und haben wieder einmal neben ihrer täglichen Arbeit einige Stunden geopfert, um fröhlich und ehrlich alle Fragen des Autors zu beantworten.

Alle Duisburger Tierpfleger hätten es verdient, in diesem Buch vorgestellt zu werden; limitierte Seitenzahlen und knappe Produktionszeiten ließen dies leider nicht zu. Der Autor möchte an dieser Stelle all diesen lieben Kollegen für ihr Verständnis danken.

Melanie Heuser – für unendliche Geduld beim Abtippen schlecht verständlicher Interviewtapes und fast grenzenlose Nachsicht im Umgang mit dem meist geistig abwesenden (und zuweilen gereizten) Ehemann

Dr. Renate Marel – für den genauen Blick der Korrektorin und stetige Motivation

Christina Rann – für unermüdliche Recherche und wunderbare Texte

Katharina Soennichsen – für gute Laune trotz Fleißarbeit am Diktiergerät

Achim Winkler – für die exakte zoologische Überprüfung

Die Autorinnen und Autoren

Olaf Heuser hat zusätzlich zur Arbeit an den Texten konzeptionelle, redaktionelle und organisatorische Aufgaben übernommen und dadurch das Buch erst möglich gemacht.

Stefanie von Drathen kümmerte sich um die Bildauswahl dieses Buches – während sie die Dreharbeiten zur vierten Staffel der Ruhrpott-Schnauzen leitete.

Für die einzelnen Geschichten zeichnen die Autorinnen und Autoren wie folgt verantwortlich:

Martin Albertz: Ein Tierpflegerleben
Manuel Garcia Hartmann: Tiermedizin im Zoo
Olaf Heuser: Giraffen und gefiederte Sozialisten; Vier Rüssel für ein Hallelujah; Vom Verhalten paarungswilliger Dickhäuter; »Du bist hier im Aquarium«; Ein Senior namens Baby; Revierleiter im Job und zu Hause; Mutter Courage; Raubtiere im Streichelzoo; Räuber im Nebel; Auf Safari am Kaiserberg; Lebende Fossilien; Ein Tier muss vier Beine haben; Graue Riesen der Urzeit; Kleine Perlen; Vom Pelzlieferanten zum nationalen Symbol; Flucht von Alcatraz; Besonders handliche Tiere; Liebenswerte Angeber; Entdeckung eines Talents; Mein Pussykätzchen; Fischgeruch gehört dazu; Wenn sie grummeln, ist alles in Ordnung; Von klein auf ein Fisch-Mann; Wie die Rentiere vor den Schlitten des Weihnachtsmanns kamen; »Sach ma' Helmut Bescheid!«; Im ständigen Kampf gegen Tiger und Bären; Nach Italien ohne Navi; Rote Pandas und weiße Wale; Die bunten Wölfe Afrikas; Der Fisch-Finger-Unterschied; Couchtherapie; Zufrieden unter Schweinen; Der schwarze Wirbelwind; Fußball und Evolution
Christina Rann: König ohne Thron; Tödliche Langlebigkeit; Üben bis der Arzt kommt; Farbenfrohe Sauereien
Dr. Jochen Reiter: Wie ein Gorilla nach Duisburg kam
Ulf Schönfeld: Wissenswertes über Delfinbabys
Birga Sonst: Ein Rüssel erblickt das Licht der Welt
Stefanie von Drathen: Bitte nicht streicheln; Boney, die Kiste und ich; Eine Liebeserklärung an den Zoo
Achim Winkler: Traumberuf Zoodirektor

Bildnachweis

Claudia Kuster (www.zoo-foto.de): S. 9, 18, 22, 29, 31, 35, 41, 42, 43, 52, 86, 87, 88, 95, 98, 104, 108, 111, 124, 125, 128

Spiegel TV: S. 7, 8, 10, 11, 12, 13, 14, 15, 17, 19, 20, 21, 24, 25, 26, 27, 28, 32, 33, 34, 36, 37, 38, 39, 40, 44, 45, 46, 47, 48, 49, 50, 51, 53, 55, 56, 57, 59, 60, 61, 62, 63, 64, 65, 66, 67, 68, 70, 71, 72, 73, 74, 75, 77, 79, 80, 81, 82, 83, 84, 85, 90, 91, 92, 93, 94, 96, 97, 99, 100, 102, 105, 107, 109, 110, 113, 114, 115, 116, 117, 118, 119, 120, 121, 122, 123, 129, 130, 131

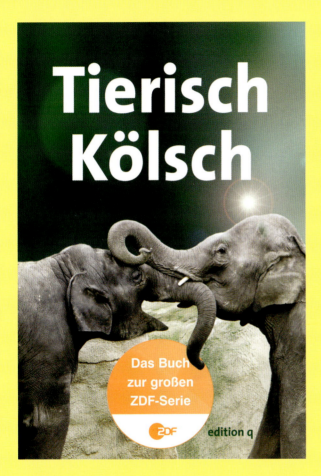

Tierisch Kölsch

192 Seiten, 54 farbige Abb., geb.
17,90 € [D] / 32,00 SFr
ISBN 978-86124-612-1

Lässt sich eine Schmetterlingsgeburt fernsehgerecht planen? Wie überwindet ein Malaienbär die Scheu vor der Kamera? Und was geschieht mit Elefantenwaisen – im Zoo und in freier Wildbahn?

Das und noch viel mehr erfährt der Leser von den Pflegern des Kölner Zoos aus erster Hand. Die persönlichen Erlebnisse der Tierpfleger mit ihren Schützlingen haben der Fernseh-Serie »Tierisch Kölsch« zu ihrem gewaltigen Erfolg verholfen. Die Fachleute erzählen, was sie von ihren Lieblingstieren wissen und gewähren einen Blick hinter die Kulissen des Domstadt-Zoos.

Mit Kuki dem Kakadu, Uhuweibchen Tosca, Heino dem Doppelhornvogel, Tisa der Nashorndame, Albert dem Flusspferd, Trampeltier Sascha, Marlar dem Elefantenbaby und vielen anderen ...

www.bebraverlag.de